LOS
ILLUMINATI
VOL. I

¿QUIENES SON? ¿SON HUMANOS? ¿CUAL ES SU PLAN MAESTRO?

Índice

		Pág.
Introducción	Moisés Rojas.	9
Agradecimientos		10
Cap. 1	La cuarentena de la tierra.	11
Cap. 2	Los cuatros cultos de antaño.	32
Cap. 3	Citas que desvelan el origen Illuminati.	60
Cap. 4	Las casas reales y sociedades secretas.	77
Cap. 5	Nazis, Jesuitas y la Nobleza Negra.	111
Cap. 6	El destripador masónico real.	135
Cap. 7	Otras dimensiones.	160
Cap. 8	Al servicio de su majestad satánica.	167
Cap. 9	La nueva Atlántida.	181
Cap. 10	Del viejo orden al nuevo desorden.	188
Biografía		201
Bibliografías		202

©Series Illuminati

© Moisés Rojas

ISBN 9781546429753

Printed by Amazon

Editado por Editorial La voz del viento.

www.lavozdelviento.es y www.lavdv.com

Todos los derechos reservados.

Safecreative: 1411042474480

"...Y hubo una gran batalla en el cielo: Miguel y sus ángeles luchaban contra el dragón; y luchaban el dragón y sus ángeles, ..."

- Apocalipsis 12:7

INTRODUCCIÓN

Los tiempos cambian, las profecías hablan de este tiempo, pero no hay nadie que defina realmente el destino de la familia humana. Y pocos son aquellos que se animan a vaticinar un buen futuro. Aún no han llegado los "Spartacus" que nos liberen del yugo de las élites dominantes que nos exclavizan como dice un buen amigo, a tiempo parcial. Bueno en mayor o menor medida, a lo largo y ancho de planeta todos tenemos distintas formas de exclavitud y de males.

Guerras, enfermedades diseñadas, tecnología que nos espía, consumismo, corrupción, una vida sin alma. Una autentica locura donde la línea entre el bien y el mal se desdibuja dependiendo de quien sea el que pregona la noticia. Manipulación, mk-ultra, magia, marketing, y muchas más técnicas utilizadas por ellos para gobernarnos a todos y atarnos en las tinieblas. Porque desde luego que también tienen un objetivo espiritual, astral y dimensional.

Nuestro propósito es la de aclarar todos estos conceptos, darte las herramientas para que aprendas a descifrar la verdad y escapar de su realidad, para que no seas un borrego más.

Agradecer a Colin Rivers por ser mi maestro y de esta forma poder ayudar a liberarnos.

Recuerda hay 3 cosas que no se pueden ocultar, el Sol, la Luna y la Verdad.

AGRADECIMIENTOS:

No hay ninguna duda de que las llamadas "teorías de la conspiración" están de moda en nuestra época. Basta meterse en el Internet para darse cuenta de ello. Una de las frases más populares de estas teorías es la del NUEVO ORDEN MUNDIAL y los ILLUMINATI. Estos vocablos que me he cansado de escuchar y repetir, la mayoría sin sentido, como si a saco roto perteneciesen... Pero si hay alguien que podemos considerar el campeón de estas teorías (o por lo menos uno de los campeones) es Jordan Maxwell; un hombre que se ha jugado la vida por defender, divulgar y publicar sus investigaciones en todo el mundo y que ha sufrido continuos plagios, robos y atentados contra su vida. Desde aquí quiero agradecer a Jordan, porque sin él, ninguno de estos volúmenes hubiese jamás existido. También agradecer a mi amigo ya fallecido Lloyd Pye, una persona tan misteriosa como inteligente; y por último, mis más sinceras gracias a Ron Polito de New York y Anthony Hilder de Los Ángeles que hicieron ese primer documental fascinante sobre los Illuminati allá por los 90 y de ahí nació mi pasión por investigar más el fenómeno del porqué y cómo sociedades secretas poderosas controlan nuestro planeta. ¡Ave Anthony y Lloyd donde quiera que estéis!

CAPITULO 1: LA CUARENTENA DE LA TIERRA

Para comprender el origen Illuminati en la historia, sus vínculos, raíces y credos, hay que hacer hincapié en los detalles más íntimos, es decir, secretos de nuestra historia oculta. Aquella que no quieren que veas, y para ello tienes que leer entre línea, tienes que abordar conceptos e ideas que a priori pueden parecer extrañas, extravagantes e incluso peligrosas. Eso es así porque todo aquello que es rebelde es peligroso, para ti, si, para ti. Sobre todo si eres un inconformista.

Sabemos que todo empieza en Egipto y Caldea, pero realmente tiene que ver con la mitología, con *Dramatis Personae* anteriores, la Astroteología, y una amalgama de conocimiento que después los Nazis atesoran e incluso se arman con ellas.

Casos de contactos con extraterrestres o entidades extradimensionales. Si estableces un contacto con un espíritu, para ti es muy difícil probar si ese espíritu es terrestre o extraterrestre, pocos lo han planteado, pero ese desconocimiento puede ser un concepto sagrado para nosotros. Otra paradoja factible es que en un pasado remoto un extraterrestre hubiera llegado aquí y tú tuvieras su alma. Esto es lo que frecuentemente hablamos de la posibilidad del Stargate, que no son agujeros de gusano en el que tú viajas por ellos (como en la serie), es el Plan de Cuarentena que tenemos en la tierra y es implementado por inteligencias superiores. Las cuales son físicas o pertenecientes a otros planos dimensionales, y que son extraterrestres, es decir, son de más allá del planeta. Por nuestra deducción estas entidades extraterrestres pueden ser malevolentes, porque si tú aíslas es para que otros grupos no se contaminen afuera. Si tú analizas el *modus operandi* de la medicina y te encuentras con un virus que puede contagiar a otros individuos, el individuo contagiado lo pones en cuarentena. La tierra está en cuarentena por extraterrestres.

Para esto tenemos que volver a un pasado muy remoto, hace muchos miles de años y contempla esta posibilidad, que por cierto no contradice otras teorías como la que más adelante veremos del ímpetu que existe en la élite de salir de la tierra, o de colonizar otros planetas. Vamos a hablar de una cifra aunque posiblemente nos quedemos cortos, y aun así esto no quiere decir que no existieran otras razas extraterrestres antes de ellos, hace miles de millones de años. Que una raza extraterrestre hubiera ayudado a fabricar la tierra, incluso prefabricar la luna como satélite. Como puedes leer en nuestro libro de *"Indios y Aliens: Nativos americanos, extraterrestres y ovnis. Los Documentos Terra - la historia Oculta del planeta tierra."* Aunque hasta aquí la película puede ser diferente, hace 50.000 años una facción de extraterrestres, que denominamos los Nefilim provenientes de Alpha Draconis, vinieron por cualquier circunstancia perseguidos probablemente desde otro planeta hasta el nuestro.

No sabemos si los perseguidores eran malevolentes o benevolentes, pero los que eran perseguidos si eran malevolentes y estos tenían una tecnología a años luz de nuestros primeros padres que vivían aquí, probablemente serían neandertales o incluso cromañones, estas dos razas desaparecieron y como todos sabemos, el Homo Sapiens es la especie que las sustituyó. De hecho no se sabe exactamente como evolucionaron, aunque salen continuamente nuevas teorías que afirman que nosotros tenemos un porcentaje de ADN de Neandertal, y quizás de alguna subespecie más. No hay forma de ligar el Homo Habilis o el Austrolopitecus con el Neandertal, o el Cromañón. Porque tienen una capacidad craneal diferente a los anteriores, los otros eran más parecidos a los "monos" de hoy en día, sin embargo el Neandertal y el Cromañón tenían inteligencia para comprender y realizar enterramientos, para producir armas y tecnología inclusive.

Cuando estos extraterrestres aterrizaron en el planeta tras ser perseguidos, siguieron una serie de incursiones. Más tarde tuvieron que saber dónde se encontraban para situarse en el universo y establecer su localización, de ahí la existencia de todos estos megalitos que se encuentran en Israel, en el medio oeste, en Portugal, España, Inglaterra, típicos como los Stonehenge en forma de círculos. Esto fue utilizado por la gente primitiva, pero que realmente no eran primitivos, por supuesto que no eran nada atrasados aunque no tuvieran un Iphone o algo parecido que sepamos. Una cosa está clara poseían más tecnologías que nosotros, es la única concepción lógica al haber producido estos megalitos, pirámides etc. Que hoy en día no se pueden reproducir, como las pirámides del plató de Guiza, que llevan miles y miles de años y ¡Que nunca se derrumben! incluso ocultas entre las dunas del desierto, y están mínimamente erosionadas.

Sobreviviendo a bombas, Sol, nieve, tormenta, huracanes, tornados, turistas y que sigan ahí. No hay ningún monumento, ni el de Washington, ni la Giralda en Sevilla. Lo sentimos por la Giralda, pero si le tiras un cañonazo como le han tirado a la esfinge y a las pirámides que solo le han podido quitar un trocito, desde luego que nos quedaríamos sin Giralda.

¿Cuándo les han tirado cañonazos o le han puesto dinamita?

En el siglo XVII y XIX algunos Reyes de aquella época, le tiraron cañonazos, fíjate que a la esfinge le falta la nariz. De hecho no es de Keops, aunque se le atribuye que es de Keops. Es muy, muy antigua, es de antes del 12.000 a.C, y es una cara de mujer. Es precisamente eso lo que denota que los primigenios eran matriarcales, por eso algunas religiones han arrasado los monumentos de Egipto, de Sumeria y si puede ser en algún futuro la Giralda, formar un califato y cargarse a todo el mundo viviente, en el nombre de Dios, de Buda, o lo que sea, lo harán.

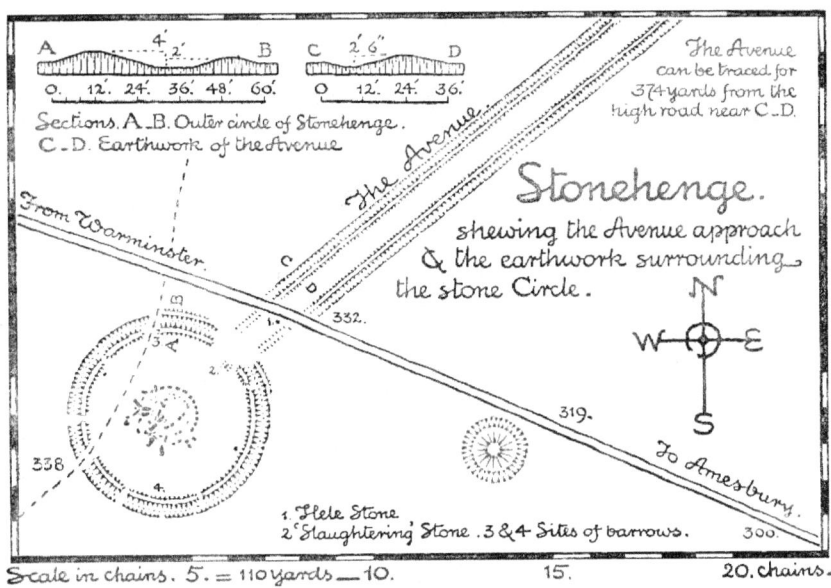

Aunque los Budas para esto son más pacíficos. Estos monumentos han pasado por miles de sucesos históricos, incluso los megalitos, que de hecho son círculos perfectos, ni si quiera hay una piedra mal colocada. Porque estos eran como brújulas para estos visitantes, que vendrían en grupos de ochenta o cien. Probablemente llegaron entre 600 y 1.000 aproximadamente.

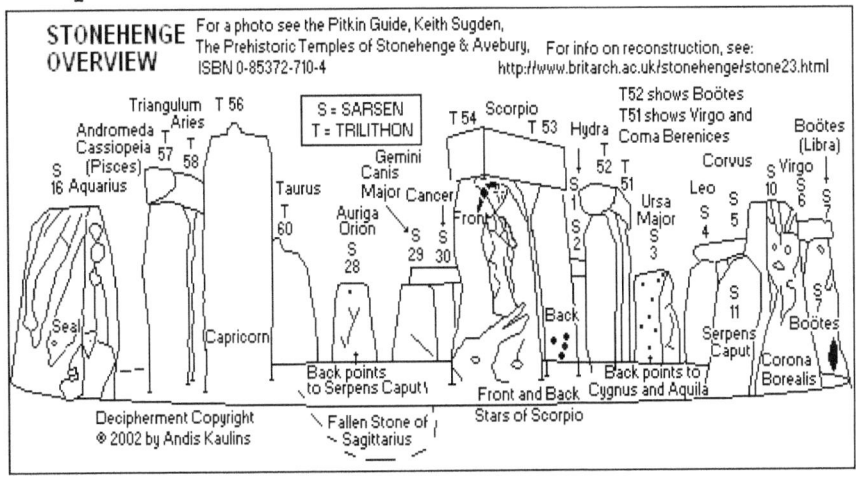

Estos extraterrestres invasores, que seguramente fueron humanoides, con un aspecto similar al nuestro, son los que aterrizaron aquí hace unos 50.000 años. Estamos hablando exclusivamente de este grupo, no de otros que puedan haber venido para investigar, para saber cómo nos comportamos o explorar el océano, ni nada de eso. Hay un montón de razas alienígenas ahí afuera. Ahora se están encontrando planetas similares al nuestro, antes pocos científicos podían afirmar esto, pero otros investigadores han afirmado categóricamente que sí existían, y ahora nos dicen que sí que existen. Solo nos falta tecnología nada más, tiempo al tiempo. Pero nosotros nos referimos a los de Alfa Draconis, ellos hicieron una incursión, y aterrizaron de improvisto.

Para despistar a sus perseguidores pusieron una señal, en lo que hoy es el cinturón de asteroides, entre Marte y Júpiter, allí existió un planeta acuoso que tras una colisión con otro planeta provocara unos fenómenos de características singulares. De ahí que el planeta tierra tenga muchos mares que no debería tener. Hay mares, fallas, cráteres que no son coherentes, y que no coinciden con la evolución geológica y geotérmica natural de nuestro planeta. Fueron creados por accidentes, por eventos cósmicos o por los humanoides de Alpha Draconis. Cuando llegaron no se iban a ir rápidamente ya que estaban en medio de unos sucesos en parte catastróficos para ellos. Para esconderse y no ser detectados por sus perseguidores cavaron en la roca cuevas, posiblemente con láser.

Esto está muy probado en los libros de Erich von Däniken o libros científicos o paracientíficos que apuntan a este aspecto. Muchos de estos libros se pueden encontrar en internet, algunas de las teorías de Erich von Däniken parecen muy de ciencia-ficción, pero otras pueden estar en lo cierto en cuanto al pasado remoto. Esta fue como la primera guerra galáctica, como Star Wars. Después de permanecer un tiempo se fijaron en las especies autóctonas del planeta. Los megalitos les sirvieron para guiarse, sin GPS era más complicado, y lo más probable es que la tierra hubiera estado más cerca del Sol de lo que está actualmente. La Luna aparecería más tarde; según los antiguos textos la Luna comienza a tener cierta referencia de forma muy tardía, incluso sería implantada por otros extraterrestres a partir de algún asteroide. Estos efectivos y contingentes de Alfa Draco, al final se dan cuenta de que no pueden salir, debido a una barrera exterior (algunos le llaman la capa de rayos gamma de radioactividad o algo similar). Por eso cuando se conocieron las radiaciones de *Van Allen* (nombre en honor a James Van Allen), que impiden que viajen a través de ello nos confirma esta hipótesis.

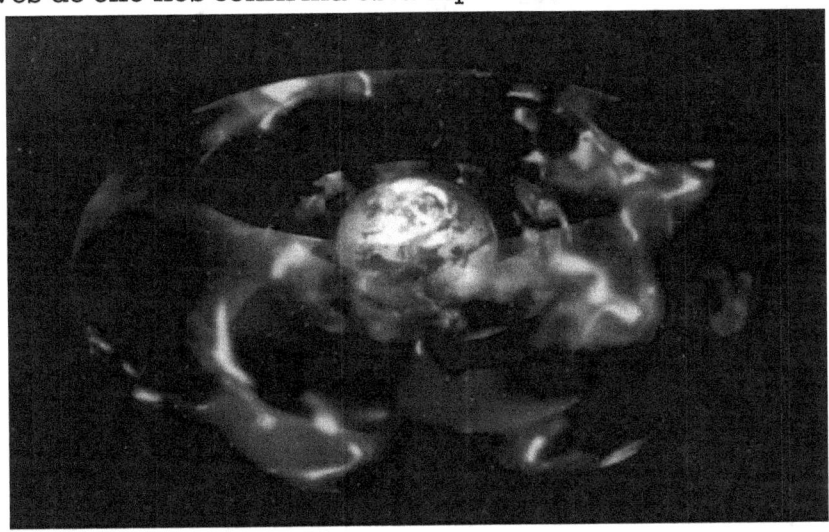

Se necesitaría otro tipo de vehículo, incluso otro tipo de ADN para viajar. Es imposible viajar fuera de la luna, incluso las máquinas se estropean al pasar por ese tipo de radiación. En la Luna tiene que haber algo relacionado con el estado de cuarentena. La rotación de la luna tiene que ver con el electromagnetismo y la radiación que influye no solo a las mareas, sino también en la rotación terrestre obviamente y en mantenernos aquí en la cuarentena. Aquellos que quedaron aquí se tuvieron que reproducir rápido, porque tenían que hacer algo si no, no podrían salir de aquí jamás y el tiempo pasaba rápido. Lo primero era perpetuar la especie, de alguna manera como en el Planeta de los simios, reunieron a los neandertales y cromañones en una sección de la tierra tras haberlos utilizado para construir sus edificios y monolitos, se deshicieron de ellos para que no dejaran huella, no era el tipo que necesitaba, podrían suponer tarde o temprano una amenaza.

Más tarde con el control absoluto y un establishment pasaron a ser los faraones, los jefes de las tribus; incluso dicen las historias celtas que cuando alguien venía de Atlantis, venían con poderes mágicos. Hasta 1960 - 1980, la Reina de Inglaterra iba a visitar a gente en Newcastle, a Escocia u otros lugares y tocar a la Reina era valorado como algo milagroso como si te curara una enfermedad. Sting, el ex Policeman me lo relataba hace muchos años, y como todos salieron a ver a la Reina y sus poderes mágicos en su pueblo natal. Pero otra cosa muy importante que hemos confirmado y deducido, al ver estas cosas de Egipto de los Ogdoad. Lo más probable que este contingente, a lo largo del tiempo, se diera cuenta que manipular la genética de los nativos de la tierra no le harían progresar en su plan maestro. Ellos vieron que en la tierra había una fauna muy interesante que eran de sangre fría, por eso se dice, cuando se habla de los asesinos que tienen sangre fría.

Nosotros somos de sangre caliente, pero ¿Qué fauna tiene sangre fría? Los reptiles, y claro podrían hacer con ellos experimentos y manipulaciones genéticas o manipular ese aspecto primario de ellos en nosotros, ya que según dice la ciencia la prueba de que todos los mamíferos vienen de los primeros reptiles se demuestra observando las distintas fases de un feto. Pasando de pez, reptil, hasta el mamífero que somos hoy en día. Como el contingente tras los siglos se iba reduciendo, por culpa de la monogamia extendida entre los Reyes y nobleza (por cierto nada novedoso) hizo que apareciera la poligamia. Por naturaleza nadie es polígamo, ni un pez, ni un zorro, ni un topo, ni el lobo es polígamo. Entonces toda esta tradición del mormonismo, de la cultura árabe teniendo varias parejas para concebir un mayor número de hijos. Viene de este contingente que no solo quiso tener muchas mujeres para saciar su apetito sexual, sino para producir primigenia, para reproducirse a un ritmo muy alto. Ya que también se veían desbordados por los nativos de la tierra.

Todo el mito de Atlantis comienza a encajar con esto, su capital se encontraba en la mitad del océano atlántico, sin embargo ellos asentaron bases no solo en esta capital, en Atlantis que es un nombre mitológico-ficticio, seguramente no se llamaría así. Es el nombre mítico de Platón. Pero Atlantis fue su capital donde producían el jardín del Edén. Edén en sumerio es jardín de experimentos, donde vivían y creaban. Pero donde vivían era en Apalachia, es decir, el continente americano, con la capital en el océano llamada Atlantis. Era una isla como un continente, mucho más grande que Gran Bretaña. Tu puedes ver en la biblia en el génesis, que Caín le dice a Yahvé, no a Dios, sino Yahvé.

Le dice:

-Señor me tienes que marcar porque los otros me van a matar. Entonces te preguntas ¿Como los otros que te van a matar? Pero si solo existen Adán, Eva, Caín y Abel. ¿Desde cuándo hay otros?

Si Adán fue el primero, Eva la segunda, y tuvieron dos hijos ¿Cómo hay otros por ahí? Y esos otros probablemente serían cromañones o neandertales. Fijaros que la tecnología, en los últimos cincuenta años ha repuntado exponencialmente, casi durante dos mil años hemos estado con tinta y papel, casi a oscuras, a de repente tener bombas nucleares, electricidad, aviones, producir materia y energía. Los seres humanos son esclavos de esta progenie de Alfa Draco e incluso algunos humanos son descendientes de ellos, probablemente tienen genes de esos que quedaron varados en la tierra. De hecho las distintas razas que existen son de diferentes razas alienígenas, y sus rasgos no han evolucionado, aunque forman parte de la misma raza. Este contingente aun pequeño, está encajado entre los financieros, la realeza, ricos millonarios, y no precisamente Bill Gate o Steve Jobs. Probablemente saben quiénes son y de donde vienen, es decir, conocen su historia de principio a fin.

Nosotros no la conocemos, numerosos catedráticos a los que hemos consultados les supone un gran esfuerzo hablarte con exactitud de la gente pre-celta e incluso se sigue creyendo que una fuerza militar llegó a la península en el 711 y durante 15 años conquistaron Hispania a los godos, y no hay prueba científica ninguna de que hubiera tan solo una batalla; ellos sí conocen la verdadera historia. Nosotros, una inventada alterando lo que de verdad pasaba, es decir, creemos de igual forma en una ficción. Te podría hablar de ello el Dr. Emilio González Ferrín de la universidad de Sevilla. En muchas pinturas del renacimiento, incluso antes del Medievo; se ven ovnis, individuos pilotando naves y estrellándose contra la tierra. Este plan de intentar escapar de la cuarentena, ya lleva miles de año puesto en marcha. En la historia intentaron crear edificios que intentaban tocar el cielo, o en los doscientos últimos años con la revolución industrial intentando hacer naves y por supuesto, la famosa carrera tecnológica.

Cuando ves en la televisión que hablan de guerra nuclear, o guerra atómica, no hablan de una guerra de armas, sino de una guerra psicológica, que intentan que nos afecte desde el nivel molecular a la psíquica. Como dijimos antes desde los Reyes Carlos I, Felipe II, Enrique V, Enrique VIII o la Reina Victoria, tenían laboratorios en los cuales podían crear virus y bacterias. Fijaros que uno de los más grandes científicos; Isaac Newton era alquímico antes de ser científico, y de hecho pronosticó el fin del mundo en 1960, era un ferviente seguidor de la Biblia.

¿Cómo un científico como Isaac Newton que hizo escritos de Aritmética universal o la ley de la gravitación universal estudiaba la Biblia? Es incoherente alguien que sigue el método científico que consiste en la observación sistemática, medición, experimentación, la formulación, análisis y modificación de las hipótesis y como pilares principales la reproducibilidad y la refutabilidad.

Pero esto se debe a que ellos conocen el código que contienen, saben descodificarlo, y el que es un poco inteligente también podría verlo. Pero esos inteligentes son el 1% o el 2%. De ahí que los Nazis, no es que creyeran en esta raza aria, o que dijeran vamos a hacer esta raza. Estas chicas rubias y de ojos azules eran juguetes sexuales, y el odio hacia los judíos no era debido al odio sino era la excusa para tener esclavos, de aquellos que de alguna manera suponían también una amenaza como sociedad, no se morían porque los mataban, sino porque morían trabajando, extenuados o de hambre en la fase final donde ya estaban asediados, es lógico. Estaban interesados en tener mujeres embarazadas y que siguieran con la progenie de esclavos que fabricaran sus armamentos y tecnología para después venderlo a otros países del oeste y continuar con el tercer Reich, pero claro se les fue la mano del tiesto no negamos que no murieran judíos, o gitanos o españoles, sino que no industrializaron la muerte con las cámaras de gas como algunos afirman, es ridículo y más cuando necesitaban fabricar más y más.

(Film de 1933 arriba muestra como el rey Eduardo VIII enseña a la reina Isabel y otros familiares a hacer el saludo nazi)

Los americanos y británicos (los verdaderos fundadores del partido nazi e impulsores de Hitler y lo oculto en Alemania) vieron claramente que tenían que pararlo, claro después de hacer caja. Ahora la pregunta es. ¿Cómo es que americanos e ingleses consiguieran parar a la mayor armada que existía? La más avanzada, incluso con UFOS, que bombardeó Rusia, Polonia, Francia, a los pobres valientes en Londres ¿Cómo pudieron parar a este maníaco, megalómano, loco espiritista necromántico? Ahora ves que el PIB baja un 3%, y hay una crisis bursátil, ¿tú te crees esto?

Duque de albany, principe Charly de Inglaterra con indumentaria nazi. Fue el principal promotor y creador del regimen nazi cuando nadie conocia a Hitler

Puedes conocer más sobre esto en los siguientes volúmenes:

Series Illuminati Vol. II – Los Illies
Series Illuminati Vol. III – Ancestros Illuminati
En venta en Amazon, lulu y otras librerías.

CAPÍTULO 2 : LOS CUATRO CULTOS DE ANTAÑO

(Estelar, Lunar, Solar, Saturnino)

"La falsificación de la historia ha desviado a los humanos de su propósito verdadero más que cualquier otra cosa en la historia del mundo." - **Jean Jacques Rousseau.**

Los académicos, estudiantes de religiones, el pueblo llano y teólogos entre otros parecen completamente perdidos cuando alguien como nosotros les comenta sobre los cuatro cultos principales que existían en el mundo antiguo y como se suplantaban uno tras otro en el remoto pasado, y evolucionaron para convertirse en algunas de las religiones más tóxicas de hoy en día. Para ello hay que valorar que ya de por sí, en la antigüedad más remota, los señores creadores del Eden, no solamente eran creadores de pirámides y megalitos, sino que además ellos poseían una cultura, un credo, un calendario, un abecedario...

Y un largo etc, del cual podemos buscar sus orígenes hasta hacer referencias a esos señores de la antigüedad que iniciaron la domesticación de la raza humana.

Por ello habiendo revisado nuestros remotos orígenes, tan difíciles de comprender, es importante, que conozcamos otros orígenes, un poco más cercanos, pero igualmente manipulado y borrado de la historia o patrimonio universal. Cada culto a veces se mezclaba con otros y formaba una amalgama de conceptos y otras veces absorbían las mitologías, creencias y leyendas regionales para formar otro más complejo y fusionarse de esta manera con su antecesor. Todos estos cultos como base utilizaban la astrología, pero cada culto hacía modificaciones de conceptos, léxico y Sigils del culto anterior. Hoy en día somos los herederos de estos cambios y mezclas de cultos antiguos. Las vidas y creencias de nuestros más cercanos predecesores están oscurecidas por el tiempo y la obsolescencia.

Además, nuestra perspectiva ha sido intencionalmente distorsionada por influencias negativas dentro de los cabales del aprendizaje de la era post industrial, por aquellos al mando de las facultades de historia, antropología, mitología, y teología, etc. No hablamos de los maravillosos doctores que son expertos en muchas materias, sino en los que están entre bambalinas diseñando el plan de aprendizaje.

EL GRAN CABAL

Los grandes cultos de la antigüedad, en un punto específico en el tiempo, decidieron unirse, porque la unión hace la fuerza. En vez de estar en eterna competencia, para consolidar agendas, fuerzas y recursos, se amalgamaron. Esto fue un suceso en el mundo antiguo de extremada importancia para las élites o gran cabal, ya que fue la primera formación de una gran cooperativa o corporación y ocurrió en el área hoy en día denominada como "Is-ra-el." Aunque la historia tradicional evita pronunciarse sobre este hecho, se habla de ello alegóricamente en muchos libros sagrados, e incluso de ficción o novelas como incluso la Biblia. De hecho es por lo cual Israel lleva ese mismo nombre. Israel está formado por los tres nombres de los antiguos cultos: Isis, Ra y El (Luna, Sol y Saturno). Como los más adeptos estudiosos saben con certeza, nunca existieron las 12 tribus de Israel. Este concepto de 12 tribus es un caldo o fusión deliberada para ocultar algo más siniestro, pero importante, leitmotiv y temas diferentes. La ficción fue la creación de los grandes cultos que las élites de esa época subvencionaron a escritores romanos, hebreos e historiadores para elaborar y prejuiciosamente traducir muchos de los manuscritos antiguos, leyendas y mitos que más tarde iba ser "EL LIBRO".

ANTIGUO Y MODERNO CULTO A ATON

También distorsionaron la historia semítica y egipcia para prevenir al curioso estudioso o intelectual descubrir la existencia de agendas, sociedades secretas, fraternidades y colegios de misterio, y para que las sectas poderosas pudieran permanecer invisible al público. Sobre todo para que no pudieras seguir avanzando hacia atrás en el tiempo, conociendo claramente el origen de los primeros habitantes, sus credos y su sabiduría, entre otras cuestiones.

"...No existe ni una prueba de que hubieran o hubiesen 12 tribus en Israel, sino que además Heródoto, uno de los mejores historiadores del pasado que estuvo en Asiria cuando florecía Ezra, nunca menciona a ningún tipo de población o pueblo Israelita... ¿Cómo es posible?"

- Madame Helena Petrovna Blavatsky "La Doctrina Secreta."

La historia de la astrología, mitos y religiones no pueden ser comprendidas sin un profundo estudio de estos cultos elusivos y de la manera y forma que se llevan ocultando durante siglos. Aunque dejan huellas, su simbolismo pervierte nuestro planeta. Se esconden, pero se esconden a plena vista, utilizando su magia blanca (la magia blanca es la que hacen delante de ti y no te enteras, mientras la negra es sin que tú sepas nada, es decir, la magia blanca no tiene por qué ser benevolente). Su biblia y otras escrituras nos da una perspectiva de como hacen sus operaciones y pactos, aunque su actividad diaria y directa es difícil de seguir e investigar.

"Solo los podrás seguir si sabes dónde buscar y leer sus símbolos. Bajo la marea de la historia humana fluyen corrientes y remolinos de sigilo de sociedades secretas que frecuentemente determinan los grandes cambios que ocurren en la superficie." - **A. E. Waite** *"Hermetic Order of the Golden Dawn."*

PACTOS INFERNALES

La unión de estos cultos no sucedió de la noche a la mañana. Fue un proceso largo y tedioso. Las denominaciones sectarias y cultas más poderosas, como las de hoy en día, no se amaban mutuamente, se repudiaban de hecho. Fueron los incentivos materiales y financieros los que motivaron que se combinaran tanto en recursos como en intenciones. Las rutas de comercio, el poder sobre las mentes de la humanidad, la dominación del planeta tierra, eran el punto y final del juego. Y era demasiado para negarse a ello. Además cada jerarquía de cada culto tenía miedo de que otros cultos se unieran contra ellos. Así que, por culpa de este temor y de su insaciable codicia, cada culto se reunió y ellos acordaron juntarse en un tipo de confederación. Desde el mismo momento de su pacto infernal, se llegaron a dar cuenta que lo que necesitaban para el total dominio mundial sobre las mentes de los hombre y sus naciones era la habilidad de restregarle el concepto de un "Dios" en sus caras.

Desde ese momento sería para ellos un camino de rosas. Los líderes de los 7 grandes cultos de poder (Las siete iglesias), decidieron que en vez de luchar entre ellos por la supremacía mundial sobre el mundo antiguo, debían combinar sus fuerzas. Siempre con el temor en sus mentes de que dos conspirarían contra uno de los cultos para derrocarlo. Esta conjunción de cultos no ocurrió rápidamente, les llevó varios siglos conseguirlo. El antiguo testamento contiene la historia de esta unión.

"Las dinastías de la élite de estos cultos operan a través de sus descendientes, en nuestro mundo hoy en día, y son extremadamente poderosos" - *Jordan Maxwell* "Secret Societies and Toxic Religion."

¿GORROS EN HONOR A DAGÓN, EL DIOS PEZ, EL SEÑOR DE LA VIDA?

"El Imperio (Roma) gradualmente absorbió y adaptó a sus propios fines la multitud de cultos derivados de todas sus partes y durante los siglos siguientes los unió como uno, la iglesia universal romana. Hoy en día, se llama la iglesia católica romana. De aquí en adelante, gran parte de la literatura escrita entonces tenía como objetivo propagar una fe fabricada al mundo y asegurar que los emperadores romanos recibieran lugares como jefes de iglesia y estado."- Tony Bushby "The Bible Fraud."

Los lentos intentos iniciados para juntar a los cultos en uno, ("Llamadas las 7 iglesias de la antigüedad") aparecen en el antiguo testamento, en un lenguaje básicamente encriptado o en código, veamos un ejemplo:

"Así que bajamos a la casa del alfarero, y he aquí, que estaba trabajando con las ruedas. Y la jarra que hizo de barro estaba estropeada en la mano del alfarero, así que empezó de nuevo a hacerla porque le pareció algo bueno al alfarero..."

Según la filosofía pagana cuando Semiramis murió al igual que su esposo su espíritu voló a la luna y tomo posesión de ella y llegó a ser la diosa luna y la "reina del cielo"

Notice the similarities between the Mary of Christendom and Ancient Babylon's - "Semiramis" - the goddess who wore a "Crown" and was called "Queen of Heaven"

Cuando su hijo TAMUZ murió según la tradición pagana su Espíritu voló a la estrella del este (VENUS) y en primavera se puede observar a toda la familia unida.

"...Entonces la palabra del señor entró en mí, diciendo: Mira Israel, ¿No podría hacer lo mismo contigo que lo que hice con la jarra? dijo el señor. He aquí Israel, así como la jarra está en las manos del alfarero, vosotros estáis en mis manos, ¡OH casa de Israel! ...Y luego hablaré lo que quiera de una nación, de un reino, para crearlo y amoldarlo a mi manera."- **Jeremiah 18.**

SOLO UNA CUESTION DE TIEMPO

Dios	Traducción del Nombre	Planeta según Sitchin.	Planeta según Allan y Delair.
Apsu	Aquel que existía desde el principio.	Sol	Sol
Mummu	Consejero y emisario de Apsu.	Mercurio	Mercurio
Lahamu	Dama de las batallas.	Venus	Venus
Lahmu	Deidad de la guerra.	Marte	Marte
Tiamat	Doncella que dio la vida.	Desconocido	Desconocido
Kishar	El primero de las tierras firmes.	Júpiter	Júpiter
Anshar	El primero de los cielos.	Saturno	Saturno
Anu	El de los cielos.	Urano	Urano
Nudimmud	Creador ingenioso	Neptuno	Neptuno
Gaga	Consejero y emisario de Anshar.	Plutón	Chiron
Marduk		Nibiru	

El mismo tiempo se dividió para reflejar y conmemorar la unificación de estos cultos. El año se desglosó en 12 meses para homenajear al culto solar. Su Dios era el Sol y su número era el número 12. La siguiente división en el tiempo ocurrió en los meses, ya que un mes etimológicamente viene de **mes**-truación que indica 28-30 días y de su opuesto femenino, este hecho era sagrado al culto lunar y cuya cultura fue muy arraigada en la península ibérica. Los íberos pertenecían a este culto y su día fue el Lunes de Luna y la noche su tiempo del día más ajetreado.

La siguiente división ocurrió en la semana, en la cual tenemos 7 dioses o deidades pertenecientes al primigenio culto estelar homenajeado en los días de la semana. Hoy en día son los días de la semana. Los sirvientes del Dios Saturno su día especial era el sábado, y ya que su Dios se mueve gradualmente, los ciclos más largos y más grandes se le atribuían a Saturno y al sábado (hebreos).El viernes de Venus se dedicó a esta deidad la cual se relacionaba con el sexo, los fenicios y la danza (islam hoy en día) y el **Domingo** o **Sunday** en ingles el día del Sol y primer día de la semana que se dedicó a estos fanáticos de la luz y sus propiedades (hoy en día el cristianismo y todas sus formas solares).Las manillas del reloj temporal físico han sido ocultadas durante generaciones y pertenecían a este tipo de división que homenajeaba a estos cultos enteramente.

Las manillas del reloj de las horas por ejemplo hacen referencia al Dios Sol u HORUS, de aquí obtenemos la palabra también horizonte. La manilla del reloj de los minutos se dedicó en honor a otro Dios egipcio Min, la deidad lunar egipcia. Y La manilla más rápida de los segundos se le dio a Mercurio. El dios principal del culto estelar primogénito así como fueron las 12 divisiones principales. Los relojes por eso representan e ilustran las orbitas de las orbitas planetarias con círculos concéntricos. Por otra parte, las banderas de los países tienen leitmotiv de estrellas, lunas y orbitas solares. No hay nada de malo en esto, en principio. Los países del este, del oriente e islámicos todavía tienen lunas crecientes y estrellas, que indican los verdaderos orígenes de sus religiones y del propio país.

"Esta utilización de los símbolos acarrean cierto significado para los iniciados y para ocultar de los ojos de los no iniciados ciertos orígenes que son tan antiguos como la civilización misma. Una clara lectura de la manera simbólica de pensar es necesaria si intentamos de comprender lo esotérico (lo oculto o lo secreto), lo que significan los símbolos de los tiempos modernos y antiguos."- **Jack Benjamin** "Introduction for Symbols, Sex and the Stars."

VISIÓN GLOBAL DE LOS CULTOS

Académicos y estudiosos como Jordan Maxwell han descubierto que nuestras religiones modernas comenzaron su andadura en algún lugar del espacio y del tiempo hace muchos miles de años. Cada religión tiene una fecha de nacimiento, pero siempre ha estado con nosotros de una manera u otra. Cuanto más indagamos y nos fijamos en los símbolos, la historia y orígenes de la religiones más nos damos cuenta que estas religiones son un caldo de cultivo de los antiguos cultos de poder de nuestros ancestros que a su vez vienen del culto más antiguo: El estelar.

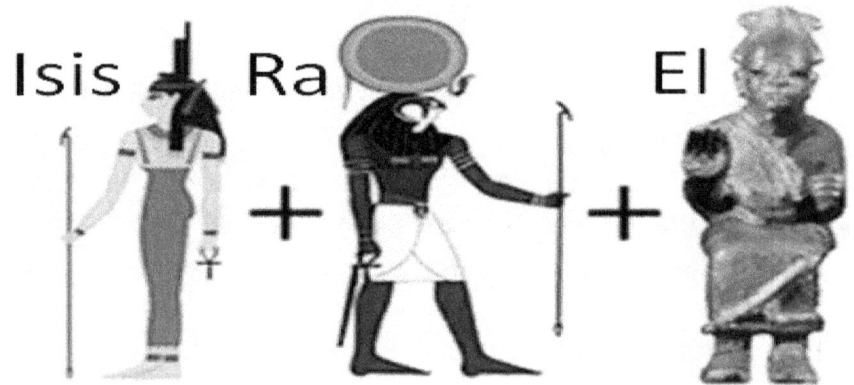

"Los descendientes de los grandes cultos existen hasta nuestros días. Tienen control de los gobiernos mundiales, no hay gobierno en el planeta que sea religioso y no hay religión que tenga que ver con la política. Religión y Política son dos partes del cerebro sincronizadas para servir a la misma mente".- Notas de Jordan Maxwell en "Sociedades Secretas y el poder de la Matrix."

A su vez introducido en nuestras mentes por los poderes fácticos tanto teocráticos como la dinastías políticas y monárquicas. Ya sabemos que hubo 7 cultos principales en la antigüedad, pero cuatro eran muy relevantes en el pasado y lo son hoy en día. Han transmutado e incluso cambiado su nombre a través de las eras pero no han caducado ni se han esfumado.

(Foto Arriba Zar II de Rusia y el ministro de la federación rusa Medvedev, tienen una apariencia muy similar). El primero y su familia no fueron ejecutados sino refugiados por el Mi5 en Londres.

Los descendientes de estos cultos son la aristocracia política y religiosa de hoy en día y los poderes fácticos del mundo. Son los personajes del estrato más alto de nuestra sociedad que raramente vamos a verlos en los medios de comunicación y menos cruzarnos por la calle con ellos. Nunca aparecen en ningún sitio o empresa y están siempre ocultos detrás de las sombras entre bastidores manipulando la humanidad.

"Los primeros cristianos decían 'Todo lo mío es tuyo', los socialistas dicen 'Todo lo tuyo es mío' "

Winston Churchill

"Los favoritos de la gente" que vemos en las noticias y en el día a día reyes, aristocracia, líderes políticos y religiosos son sólo las hormigas soldado o los lugartenientes de esta minoritaria élite plutocrática. Los cultos se desglosan entonces de la siguiente manera y los 4 primeros son los más relevantes:

-Estelar
-Lunar
-Saturniano
-Solar
-Volcano(Culto al fuego)
-Dionisiaco(Culto a las drogas, medicinas, y lo psicodélico)
-Venusiano(Culto a Venus sexo, danza, música y sus asociaciones)

EL CULTO ESTELAR

Para ir completando este capítulo y repasando la Astroteología, también heredera de aquellos primeros nacidos como diría Tolkien y su trasfondo no solo esotérico y teórico sino también histórico y natural. Queremos indicar que antes de la corrupción de estos grandes cultos de antaño, los motivos eran puros y la naturaleza no solo era respetada sino cuidada, alabada, estudiada y observada. Como hemos dicho arriba el primero de los grandes cultos fue el Sideral o el Estelar.

Su símbolo principal era y aún es la serpiente o el pentagrama o la estrella de cinco picas. Es debido a estos sideralistas que le debemos casi todo el conocimiento de la realidad que poseemos hoy en día. Los cultos que le siguieron eran meramente copiados de este culto original, plagiando todas las premisas y predicamentos de este culto original sideral para embelesar sus dogmas y doctrinas. Fue el culto estelar el que descubrió y trajo al mundo el conocimiento de los misterios de las estrellas, astros y los que crearon las grandes ciencias de la astrología y astronomía en el mundo antiguo.

Ramman, God of the Axe of the Susians.

(ARRIBA MAGOS Y SACERDOCIO **CISIANOS**DE **SUSIA** EN PERSIA CON GORROS CAPIROTES DEL DIOS SOLAR O DEL DIOSHACHA, Y MIEMBROS CAPIROTES NAZARENOS ABAJO EN SEVILLA EN EL PASO CON JESUS, DIOS SOLAR).

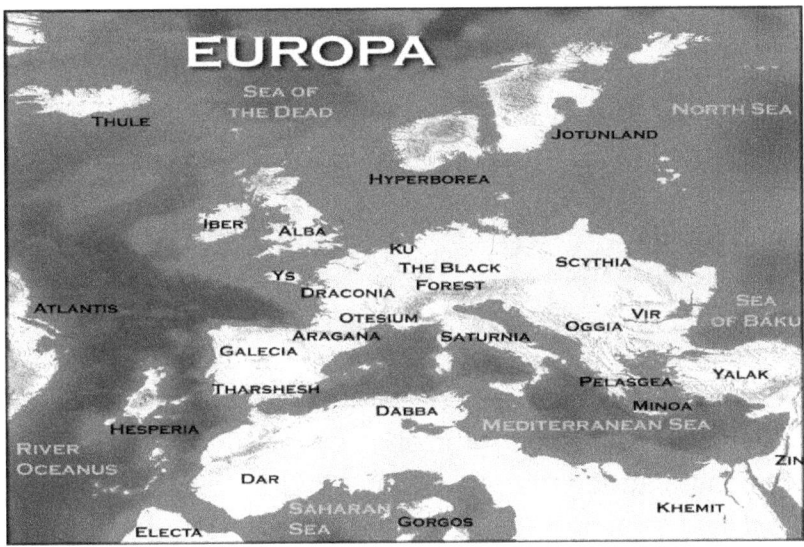

Eran increíbles matemáticos y geometristas. Fueron los originales creadores de las pirámides, esfinges y otros megalitos ciclópeos en todo el globo. Y además excelentes marineros en la navegación

, utilizaban los astros como guías de los 7 mares. Sus descubrimientos e inventos, en escritura o en las rocas o piedras son la fundación donde residen todas las edades históricas del planeta. Véase nuestras entrevistas en La voz del viento, canal de Youtube o Ivoox donde podemos descubrir como Colón sabía perfectamente cómo llegar a América GRACIAS A LOS MAPAS Y RUTAS QUE MANTENIAN EN SECRETO LOS FENICIOS (pseudo masones de la antigüedad), los cuales fueron no sólo grandes marineros mercantiles sino además una sociedad secreta al más puro estilo actual masón que junto con los cartaginenses mantenían en secreto el océano Atlántico y su navegación.

Si dudáis de esto así como lo leéis entonces os aconsejo visitar los grandes capitolios de las ciudades del occidente y observad los planos, diseños cuidadosamente detallados de todos ellos. Pero lo más importante es que este culto sideral utilizó las artes de la adivinación como herramienta diaria. Los antiguos egipcios no tenían expiación sacerdotal, ni justicia sin impunidad, y tampoco un salvador o salvación de segunda mano al estilo de las religiones de hoy.

"No había iniciado en los misterios osíricos que alcanzara un tipo de cielo al estilo cristiano o musulmán o judeo. Su camino era más crucial y más recto y puro, seguían la palabra y las acciones contaban más que todo, la hipocresía era despreciada y castigada. Por sus acciones, llegaban a la verdad."-**Gerald Massey** "**Egypt - Light of the World.**"

"Los egipcios, babilónicos, griegos y romanos no tenían en su idioma una palabra para el pecado. Los Israelitas introdujeron la palabra y el concepto de pecado en la civilización occidental y la desviaron." - **Leonard Schlain "The Alphabet versus the Goddess."**

El culto estelar concibió el gobierno bajo la prerrogativa de justicia divina y el derecho a ser participante o ciudadano, o hermano del culto por méritos y acciones propias y justas. Fueron ellos los que decidieron el arraigar y conservar luego los grandes secretos acerca de la naturaleza del universo, de la biología humana, de la procreación de la vida en general, a través de la parábola, alegoría, metáfora y ficción mitológica y folclórica. Las dimensiones completas de la gran pirámide de Giza o Gizeh son por ejemplo incluidas en las 52 cartas de la baraja de cartas original. La mayoría de nuestras canciones de la niñez y de las rimas en el mundo occidental proceden de este culto estelar. Todas contienen secretos esotéricos profundos.

Aquí poco después durante la desaparición del culto estelar y el surgimiento de los imperios solares griego y romano nacería el concepto de fascismo (ley de los dioses) vs justicia (ley de los hombres).

JUS Y FAS

* Se entiende por **jus** lo que actualmente entendemos por derecho, es decir, un conjunto de normas que son de cumplimiento obligatorio y que regulan la vida en la sociedad. Tiene otras connotaciones como la facultad de exigir que se cumpla determinada prestación. Se entiende por **fas**, en cambio, la ley divina, la ley que los dioses han previsto para los hombres y cuya violación acarrea castigos directos durante la vida terrena.

IUS:

- En la época arcaica aparece la dualidad entre IUS y Fas aunque al principio los dos conceptos estaban unidos. IUS era lo *justo mientras que Fas era lo lícito.*

- El concepto de IUS, que en una época remota coincidió con fas, se fue emancipando y se convirtió en el derecho creado por el hombre.

EL PAPEL DE LAS MUJERES

Durante la hegemonía de las mujeres dentro del culto estelar, ellas tenían posiciones de poder en su sociedad, religión y gobierno. De hecho, era la periodicidad de los ciclos de la gestación de la mujer las cuales iniciaron el despertar hacia la iluminación de los humanos hacia el orden inherente del universo allá afuera. Y que llevó la atención a ver los cielos nocturnos que siempre se especificó como el cuerpo de la diosa en los tiempos antiguos. Era entonces una sociedad cooperativa no matriarcal necesariamente sino combinada. Pero se intuía que el origen y la procedencia de la naturaleza del universo tenían que ver con la diosa madre o principio femenino de las cosas. Esta diosa se le conocía por varios nombres dependiendo del culto o la orden profesada, y sus correlaciones, ejemplo, Taurt (Tarot), Nuit, Nun, Ma'at, Isis, Hathor, Sophia, y Mara o Mari, o Meri. El epíteto Ma'at (Mahat, Mayat, Maut, Maht, etc.) es la raíz de palabras como materia, material, mate, matemáticas y matriz o medida. A través de los tiempos de nuestra historia nunca se quedó en el olvido como los ciclos biológicos de la feminidad eran complementarios al mundo de los fenómenos externos.

"...De hecho, los antiguos eruditos y sabios preferían considerar que vivían dentro del cuerpo de la diosa Nuith, o Ma'at. Fue el alemán y pionero bíblico Rudolf Bultmann, que citaba ciertos pasajes del nuevo testamento como interpolaciones de la misma Sophia o Sofía, a través de la boca y las palabras del Cristo..."- **Caitlin Matthews (Sophia: Diosa de la sabiduría)**.

LA SUPRESIÓN DE LA FEMINA

Una de las razones principales por la cual el conocimiento de este culto estelar se mantuvo oculto, es que querían que la fémina estuviera separada de su poder en varias vías todavía por investigar y que aún no se comprendan hasta estos días. Cuando el principio femenino se mantiene en la oscuridad el estado del "Yang" masculino que es la parte más activa, destructiva y negadora del espíritu está pre-programado en nuestra cultura y consciencia de manera claramente negativa. En nuestros tiempos ahora se ve esta separación entre hombre y mujer claramente a nivel de sociedad, religión y política.

La historia de las civilizaciones a ojo de pájaro parece muy machista siempre desde una visión patriarcal dominada por varones, casi todos los patrones básicos culturales parecen ser siempre el trabajo de varones.

"Áreas enteras de nuestra historia están oscurecidas por la ignorancia de los varones de la verdad que crean a través de lo femenino en su propia naturaleza y carácter, así como se creen que procrean sin las mujeres"- **Laurens van der Post** "Jung y la historia de nuestros tiempos."

"Cuando estudiamos los libros de la historia patriarcal, parece que surge algo terriblemente inevitable con el deseo de despedazar la esencia de lo femenino, lo humano y lo divino." - **Leonard Schlain** "The Alphabet Versus the Goddess."

Muchas de las tribus antiguas incluidas los llamados "celtas de Europa" eran sideralistas, los antiguos semitas, indo-arrianos, caldeos, teutones etc... Seguían este patrón sideral y matriarcal. Los calendarios semíticos y romanos empezaban cuando se ponía el Sol.

Los druidas maestros, mayas y chamanes eran féminas que se levantaban de noche para seguir los ciclos del planeta Venus y la Luna. Los componentes del culto estelar tenían un conocimiento completo de las medidas de la tierra, e incluso de los planetas y astros vecinos detalladamente. Fueron los padres de nuestra astronomía. Son los originales magos y los reyes magos que se hablan en los evangelios de manera astrológica y metafórica. Los Cristos, Merlín, Abaris, Pitágoras, Apolonio, Ovidio, Virgilio, Valentino, Basilidia (y muchos más en el ranking de los perseguidos y renegados), incluso metafóricamente está implícito en los evangelios en la boca de Jesús que apunta a este culto alegóricamente diciendo: "¡Sed listos como serpientes!" Esto no tiene sentido para los cristianos y para la gente profana hasta que aprendes que la serpiente era el símbolo principal del culto sideral o estelar, los llamados en el mundo antiguo "**IBURU** o IBERO o **HABURU**" los sabios de las épocas.

Y coincidentemente el jeroglífico diseñado para la mujer de hecho era una serpiente. Por eso cuando se fundó el cristianismo el símbolo de las serpientes se tomó de manera negativa. La raíz femenina se canceló, así como 'ritu', viene de sangre roja de la secreción de la mujer y de ahí viene nuestra palabra secreto y sagrado de la **secreción** de la **fémina**. Y en Egipto la palabra mesta era mujer y de ahí formamos la palabra mesterio o misterio en español, latín o ingles mistery...

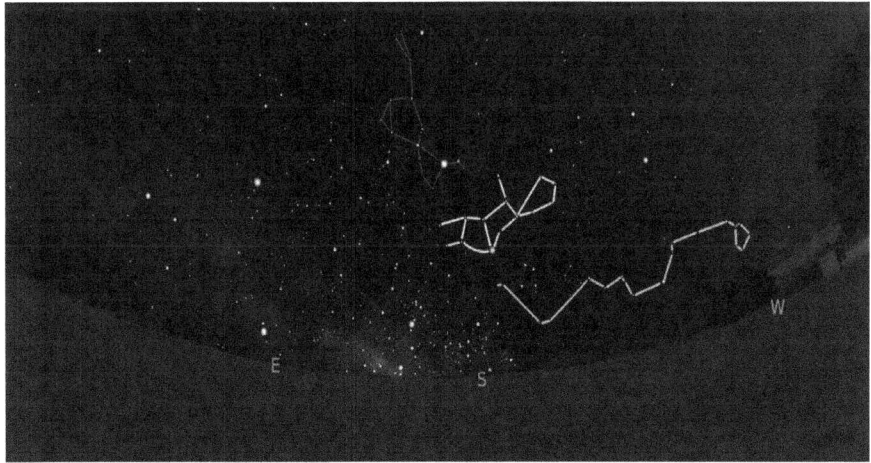

En el Génesis la serpiente se acerca a Eva no a Adán, en la foto de un despliegue de astros se ve claramente porque, la serpiente en el cielo estelar está más cerca de la constelación que representa a la fémina, obviamente esto era bien conocido por los antiguos magos y sociedad matriarcal. Después retorcido en la historia machista bíblica de que la mujer era la perniciosa.

CAPITULO 3: CITAS QUE DESVELAN EL ORIGEN ILLUMINATI

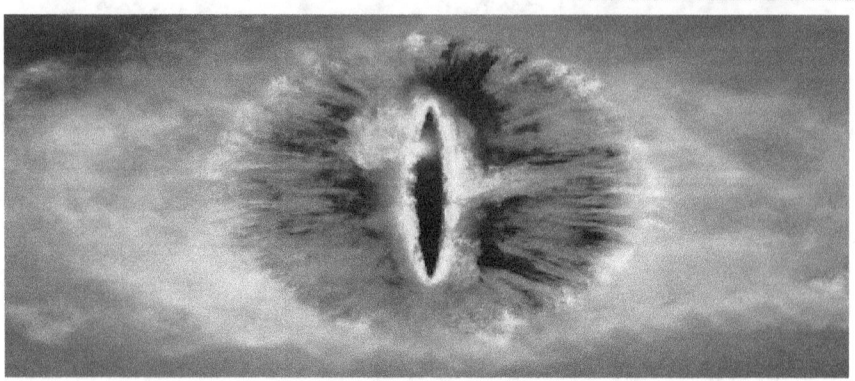

J.R.R Tolkien, habló del mal (Illuminati) antes, durante y después de escribir **"El Señor de los anillos."**Conocía el juego de los hechiceros como él los llamaba, y sobre todo la repercusión de la manipulación de esos hechiceros y sus esbirros que someten a la gente corriente, que nada tiene que ver con sus tejemanejes.

Como decía **Benjamín Disraeli**:

"El mundo está dirigido por personajes muy diferentes de los que la gente piensa y aquellos que están entre bastidores no son los que la gente elige."

Otra gran cita del libro de **Enoch**:

"Aquellos nacidos de los hombres y de los santos observadores son y serán los espíritus malos sobre la tierra y los espíritus de los gigantes los afligirán y harán batalla causando destrucción en la tierra, y estos espíritus se levantarán sobre los hijos de los hombres y de la mujer."

Estaremos, por tanto, vigilando cómo de activos están ésta élite alienígena en el tablero geopolítico. Esta guerra está siendo luchada y es el juego final acercándose al **Apocalipsis**, el **final de una Era** y el comienzo de otra, el final de la era piscis, es decir Jesús, y el comienzo de Acuario, el que lleva la jarra de agua. Es esta batalla que empezaron los atlantes y continúa en nuestros días.

Muchos autores como por ejemplo Eric von Däniken, Des Penare, Zecharia Sitchin afirman que los anunnaki han dejado el planeta tierra y que un día regresarán para salvarnos de nosotros mismos y corregir los errores de la humanidad. Estos autores creen que estos dioses alienígenas son benevolentes y que nos van a ayudar, sin embargo nuestra conclusión es muy distinta siguiendo la línea de C.S Lewis, William Bramley, J.R.R Tolkien, Comyns Beaumont y Jordan Maxwell etc.

Estos alienígenas no han dejado este planeta y son el origen y la presencia de la maldad de la humanidad. Esta maldad entró en este planeta por culpa de estas entidades. Ninguno de los visitantes originales han sobrevivido, sus descendientes sí, y continúan degradando espiritualmente la humanidad y aniquilando según sus propósitos. Los descendientes de estos alienígenas se llaman los hijos de la serpiente y aquellas que son las antiguas lemurianas, también están entre nosotros y continúan de manera muy sutil liderando espiritualmente al Homo Atlantis para llevarlos a un nuevo paso evolutivo espiritual. En sus creaciones, nuestros padres primitivos y estas entidades atlantes, siempre estaban en batalla continua, y el Armagedón (batalla entre atlantes y lemurianas) sucede cada segundo del día, si separamos luz y oscuridad nunca ha ganado la luz,

y nosotros somos reticentes a sublevarnos contra estos alienígenas ya que está escrito en nuestro ADN. Nos controlan mediante nuestro servilismo que nos ata en sus tinieblas. Debemos ser como el Rey Arturo sacando de nuevo la Excalibur de la propia tierra y no esperar a que llegue ningún Rey Arturo para salvarnos ¿Por qué tenemos que esperar a Jesús o Maitreya, si somos nosotros un Cristo o un Arturo? No podemos esperar a que nadie nos libere, debemos hacerlos nosotros mismos.

Si investigamos más profundamente, muchas evidencias indican que los visitantes alienígenas están todavía entre nosotros, haciendo uso de las sociedades secretas, una cubierta que han usado durante siglos. Se sabe que muchos miembros de estas sociedades influyen en el área del gobierno de la política, de los negocios y de la religión. Todos los días somos bombardeados por estas imágenes y símbolos que representan cosas específicas que nosotros no interpretamos, pero son esenciales para estas sociedades.

Los Sigils, símbolos secretos que manipulan nuestro subconsciente, es subliminalmente un ataque, por eso ocurre cada segundo. Esto es un ataque mágico presente no solo en Egipto y otras civilizaciones para controlar a la gente. Más recientemente desde el Renacimiento ha sido potenciado este factor mágico y de control. Autores como Leonardo Da Vinci, Botticelli, Michael Ángelo, Rafael entre otros, son los responsables de potenciar esto. Cada lector puede decidir por ellos mismos si ven esta realidad, de estas sociedades que están bajo el poder de esta descendencia. No todas las fraternidades están en manos de esta progenie atlante y aunque estas sociedades puedan parecer malas, los símbolos y los edificios no son malos en sí, ambas partes en la actualidad hacen uso de la misma maquinaria, da igual las armas que se utilicen, da igual el terreno donde se siembre la batalla. Lo que es importante es conocer al enemigo, en este asunto la humanidad ha sido ayudada entre bastidores de una forma muy sutil.

Un gran autor masón, **Manly P. Hall**, que escribió "<u>Los secretos de la gran pirámide</u>" dice:

"Muchos de los padres fundadores masones recibieron ayuda de entidades secretas europeas para establecer los Estados Unidos, con un propósito particular solo conocido por unos pocos iniciados".

El **Duque de Brunswick** que fue el gran maestre de la Francomasonería decía:

"Estoy convencido como orden de que hemos sido infiltrados por un poder malévolo, por una orden oculta profundamente versada en la ciencia, en lo oculto y otras cuestiones, aunque no son invencibles sus métodos son parecidos a los de la magia negra, poder, hipnotismo y capaces de crear y controlar una sugestión poderosa en los demás. Nuestra orden está siendo controlada por una orden solar, del tipo o naturaleza Illuminati, sino los mismísimos Illuminati."

Curiosamente hace ya casi 300 años que esto fue dicho por el propio Duque. Otra cita de **Madame Helena Blavatsky** que fue muy controvertida, en *"La doctrina secreta."* dice:

"Mientras los verdaderos hermanos mueren en el campo de batalla, una orden la cual ha tratado de ponerse los zapatos de dichos hermanos se ha convertido en una rama de los jesuitas (los Illuminati) bajo su tutelaje, los masones deberían rehusar con horror a los Illuminati o Jesuitas."

Otra de la misma autora, según el texto original:
"Existe otra clase de adeptos que pertenecen a una hermandad que es más poderosa que cualquier otra y los tenemos que poner en el ranking de adeptos de las artes oscuras; estos son nuestros padres católicos apostólicos y del clero, son versados en simbología secreta a un nivel que no tiene parangón, ni siquiera los orientalistas podrán acercarse a ellos en el futuro. Estos padres católicos apostólicos y el clero son expertos cabalistas en Roma, Europa y América y nadie sospecha de ellos, son muy poderosos y peligrosos."

En *las tablas de esmeralda* de **Thoth el atlante,** haciendo una adaptación de su texto antiguo:

"Hablo de los días del reino de las sombras, hablo de la venida de los hijos de las sombras, fueron llamados por la inteligencia y sabiduría del terrestre. En la forma del hombre ellos luchaban contra nosotros, pero solo para averiguar hasta donde podemos llegar como hombres, con cabezas de serpiente, el glamur desapareció. Acabaron como reptiles, reptando en nuestras casas, en los consejos, en nuestros ayuntamientos, tomando la forma del hombre. Asesinando con sus artes a los jefes de los reinados, tomaron la forma de nuestros reyes y reinaron en su lugar, para destruirlos y reinar en su trono entre tinieblas."

El presidente de los Estados Unidos **Woodrow Wilson** dijo:

"Algunos de los hombres más importantes de los hombres del comercio y las finanzas de Estados Unidos tienen miedo de un poder, tan organizado, tan sutil, tan perverso que ellos no quieren hablar ni gastar aliento para condenarlo."

Incluso de la boca del mismo diablo, tenemos a **Giuseppe Mazzini**, líder de los Illuminati Bávaros en Italia y fundador de la mafia, cito:

"Formamos una asociación de hermanos en todo el globo, aunque no nos pueden ver, ni sentir, nadie sabe ni puede decir donde estamos, esta sociedad es secreta hasta para nosotros mismos, los veteranos de las sociedades secretas".

Otra cita del gran Francomasón de la derecha escocesa **Albert Pike** que sale precisamente en la segunda entrega película de *National Treasure*, en castellano *La Búsqueda*, dice:

"Los grados azules son como la piel exterior del templo. Parte de los símbolos se muestran al iniciado en esos grados azules, pero intencionadamente se le dice que esa no es la verdadera interpretación, esta se esconde y no se le debe dar a conocer todos los secretos, lo que se intenta aquí es que él se lo imagine, pero la verdadera interpretación es solo para los que tienen el grado más alto, 32 y 33 grados incluso llegan al 100."

A pesar de los esfuerzos de la ciencia ficción y de los escritores de fantasía, parece que los humanos están lejos para comprender estas fuerzas, que además han moldeado la historia y cambiado la evolución a su antojo, son de hecho los dueños hoy en día de las comunicaciones, prensa etc. Estos maestros alienígenas han tenido éxito en poner estos símbolos para contentar a la gente, presentes delante de nuestras narices, y de una manera vendernos la idea de que no estamos conectados con el mundo, de que no existe unidad con la madre tierra y eso es lo que parece si analizamos el comportamiento del ser humano en el vientre de su propia madre, que es la madre tierra. Libros como el Señor de los anillos de J.R.R Tolkien o C.S Lewis hablan en forma alegórica sobre Atlantis, de su destrucción, de su decadencia, su gobierno y por su puesto de los orígenes e incluso el final de la historia del hombre, con un pequeño o varios pequeños Hobbit como salvadores. Esto no es fiel a la realidad, ya que es aceptado por el New Age, pero realmente la realidad no es así, solo te puedes salvar a ti mismo para salvar al resto, está claro que no vendrán un par de personajillos para salvarnos, eso es algo un tanto idílico, categóricamente las cosas no funcionan así.

El movimiento de la **Nueva Era** ha sido falseado también por ellos. Infiltrados en la ciencia, y en distintas ramas de la ciencia y tecnología, son aprendices para ser inhumanos y de sangre fría. Aferrados a nivel político y sociológico, mentes psicópatas, muchos de ellos involucrados en la salud a nivel mundial como la industria farmacéutica, todos en las altas esferas, no de peones obreros que forman parte del rebaño que son manipulados para sus fines.

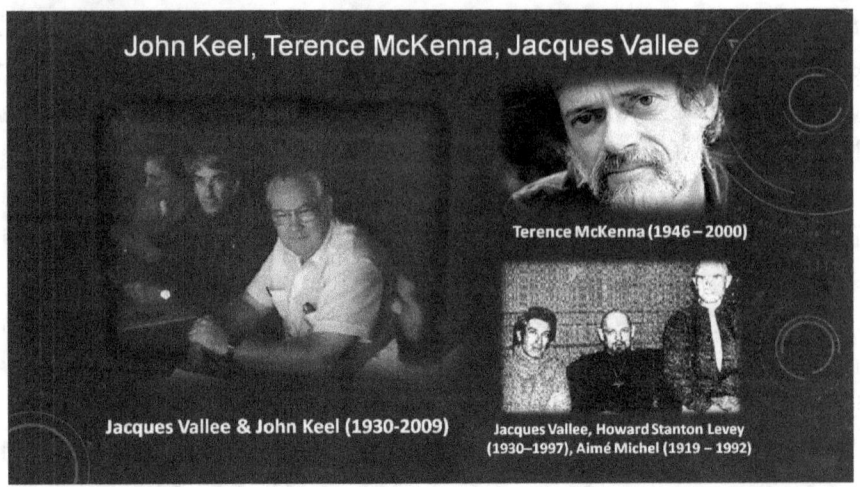

John Keel, Terence McKenna, Jacques Vallee

Terence McKenna (1946 – 2000)

Jacques Vallee & John Keel (1930-2009)

Jacques Vallee, Howard Stanton Levey (1930–1997), Aimé Michel (1919 – 1992)

Ellos proceden de las élites, educados y aderezados para guiar a la humanidad a la destrucción, con un nuevo señuelo como paradigma. Probablemente descendientes de nigromantes de Atlantis, son estos elegidos los que tienen más ADN alienígena que humano, contra más ADN tengas de esos ancestros de Atlantis, menos empatía tendrás con los congéneres humanos. Entre los dirigentes europeos y de otros lugares de la tierra, están estos brujos de antaño usando los mismos métodos que sus ancestros, por ejemplo ***John Keel*** en "***El planeta encantado***" nos cuenta:

"*Según muchas fuentes de tradiciones aisladas los primeros emperadores en la mitología asiática, eran Reyes dioses que vinieron del cielo, mostraban a los indígenas poderes sobre-humanos, superiores a la propia imaginación.*"

Volviendo atrás a la cita del libro de Enoch, la puedes aplicar en este contexto, la vuelvo a escribir para que podáis ver lo que queremos explicar:

"Aquellos nacidos de los hombres y de los santos observadores son y serán los espíritus malos sobre la tierra y los espíritus de los gigantes los afligirán y harán batalla causando destrucción en la tierra, y estos espíritus se levantarán sobre los hijos de los hombres y de la mujer."

En el **libro de los santos** hay otra cita:

"Cuando toda la humanidad muera, él será libre y estará sano y salvo, y de esta prosperidad nacerán los gigantes de la tierra, no espirituales pero físicos y carnales"

En el **"libro de los actos "** dice así:

"Soy el descendiente de la naturaleza de la serpiente, el que corrompe al hijo de la tierra. Yo soy el hijo de aquel que se sienta sobre el trono y tiene el domino de la creación bajo los cielos."

Y después tenemos numerosas películas, no todas creadas por personajes perversos, vemos grandes guiones y grandes historias contadas crípticamente insinuando estas historias. Algunas de ellas, sobre todo las originales. *Los Inmortales*, *Superman*, *Conan* el bárbaro, *Battleship Galáctica*, La *Espada y el Brujo*, El *Señor de las Bestias*, *El Cristal Oscuro*, La *Invasión de los Ladrones de Cuerpos*, *Red Sonja*, *Terminator*, *La Profecía*, *Los Bandidos del Tiempo*, *Doctor Who*, *Flash Gordon*, El *Hombre Invisible*, *Star Trek*, La *Guerra de los Mundos*, El Planeta de los Simios, *ElGolem*, El *Quinto Elemento*, *La Escalera de Jacobo*, *Stargate* series y películas de **Richard Dean Anderson**. La *Criatura que Camina Entre Nosotros*. El *Hombre de los 6 millones de dólares*, *Tren*, *La máquina del tiempo*, El *Gabinete del Doctor Caligari*, *Androide*, *Hace 5 millones de años en la tierra*, *Star Wars*, *He-man"Máster del universo"*, *Fallen* con**Denzel Washington**, *Independece Day*, Series como *Sleepy Hollow*, *Person of Interest*, *Fringe*, "**V**", *Falling Skies*, y un largo etc.

Todo esto entra dentro de las teorías que hemos revisado en las *Series Illuminati*, de cómo llegaron los alienígenas, manipularon la historia, el desarrollo del ser humano, y de cómo entró la <u>maldad</u> en el hombre y en la propia tierra. La maldad no es inherente al hombre, no surge ajena a fuerzas inviolables de la naturaleza, sino cuando juegas con ellas de una forma perversa **¿Nos preguntamos por qué la naturaleza crearía algo tan destructivo como la maldad para que el hombre se destruya así mismo y a ella misma?** No tiene sentido, los ecosistemas con los animales se mantienen. Los animales no afectan al curso de la naturaleza, pero el hombre viola esta ley y destruye todo a su paso.

¿Por qué hay guerra entre los dos bandos, y por qué no fue concluida en los tiempos pre-diluvianos? Los seres oscuros fueron reducidos en número y perdieron la tecnología que canalizaban sus poderes, armas nucleares, la medicina que portaban, los aparatos cibernéticos etc. Vemos las referencias bíblicas al Arca de la Alianza, hay muchos avisos de sus poderes. Esa arca del contrato, que podría ser una clase de arma mortal e impredecible, también se rumorea que dicho arca contenía restos del líder de los ángeles caídos y sus soldados. La palabra 'Arca' viene de Arche, significa el original o el originador, también se traduce como tumba. Los israelitas declararon que esa llamada Arca contenía a Dios todopoderoso, recordemos que los israelitas no son monoteístas y sí genoteístas creen que su Dios es solo suyo, no aceptan a otros. Palabras como arcadia, monarca, arcón y arktos, contienen este prefijo peculiar.

La pérdida de la mayoría de su tecnología fue causa de irritación y lamento de los alienígenas, y así fue en tiempos diluvianos como se pusieron manos a la obra para manipular eventos y traernos a este punto de la Historia. No obstante, reprodujeron parte de la tecnología que tenía un valor incalculable. Una vez que se destruyó Atlantis y ocurrió esa extinción parcial, todo se empezó a gestar con el consejo de los viejos en Asia menor sobre los 11 mil años antes de nuestra era. Se ha acelerado desde el siglo XV hasta el siglo XXI, se ha avanzado a años Luz en los últimos 40 años. El propósito de las nuevas tecnologías es criticado por muchos teólogos y humanistas porque impide que haya un avance intelectual y espiritual. Uno de los grandes escritores americanos **John Steinbeck** se preguntaba:

"¿Por qué a veces el progreso parece la destrucción?"

Alfred North decía:

"Los mayores avances tecnológicos son procesos que llevan a la destrucción de las civilizaciones."

Estos procesos tan vertiginosos y extraordinarios además de rápidos llevan a la perdición del ser humano y de cualquier civilización. En los días que no había Iphone la gente se comunicaba hablando y quedabas para hablar con la gente, no como hoy en día que hablas a través de un móvil, a distancia e impersonalmente. Aquellos días ya terminaron, en ninguna reunión familiar hay independencia de esta tecnología. La información está por todos lados, ya hablas y haces todo a través de esta tecnología. Todo el mundo está centrado en su adorable teléfono.

Estos visitantes y su progenie que traen bajo el brazo su "meta-plan", sabían que no iba a llevar dos días recuperar la tecnología, si quedan hoy en día dos o tres ingeniero en todo el mundo serían incapaces de crear nada tecnológicamente, mínimamente avanzado, ya que hoy en día los ingenieros están demasiado especializados. Por ejemplo serían incapaces de volver a crear un avión, y seguramente con esa pérdida de tecnología con suerte harían fuego, y estamos seguros de que acabarían danzando para que cayera un rayo, y de esa forma recoger de nuevo el fuego. Desde el primer día que vas a la escuela no te enseñan cosas útiles, al contrario. Se les enseña cosas inútiles, puede saber mucho de economía, fórmulas, lo que quieras, pero para lanzar un equipo a la Luna, necesitas un equipo de miles. Para hacer un caramelo hoy en día existen cadenas que finalmente producen en serie o en masa, pero antes lo hacía una persona sola. Sabemos cosas pequeñas y por eso esta gente que esta versada en todo, nos superan, es imposible que ni siquiera nos acerquemos. Te enseñarán como amar a tu país, como competir con el de al lado, en vez de colaborar entre unos y otros, nos dividen.

Tenemos el ejemplo de Cataluña, de Escocia e incluso en Portugal, es decir no es todo lo que los medios de masas nos cuentan. El federalismo no funciona, existió hace mucho y nunca funcionó. ¿Por qué va a funcionar hoy en día? Lo que se debería hacer es colaborar y no acusar que el pueblo de al lado sean unos vagos y negarle lo que tú consigues, lo que tu intelecto te capacita y quieres solo para ti. Seguro que los otros te aportarán algo y de esa forma crecer juntos. No es fácil, pero es más fácil separarse. La cultura y las religiones están muy arraigadas y por eso es imposible un Estado federal. Una federación dentro de un Estado, y un Estado dentro de una federación, con culturas distintas que chocarán entre sí. En las distintas civilizaciones, véase Roma, nunca funcionó el federalismo, tuvieron Congreso, Senado, democracia, dictaduras, nada de eso funciona. Algo que imite al imperio romano nunca triunfará, se debería de abogar por preocuparse por la felicidad y no por la macroeconomía. Querer ser libre comienza por dejar de ser cada vez un poco menos esclavo. Y solo cuando los esclavos despiertan es cuando el Imperio cae, cuando los dictadores, los ladrones demócratas, senadores, congresistas tendrán que dejar su oficio porque no los necesitaremos nunca más. Solo el amor, compartir, y ese esfuerzo para que todos seamos libres y felices logrará la verdadera libertad. Solo entonces conseguiremos vencer la partida a los Illuminati.

CAPITULO 4: LAS CASAS REALES Y SOCIEDADES SECRETAS

Continuamos investigando las sociedades secretas victorianas, las altas realezas europeas, el cábala, los Skull and Bones, sociedades como Ordo Templi Orientis (O.T.O.), Soto de bohemia que lo llaman en inglés The Bohemian Group, los caballeros templarios y en lo que se basa toda la investigación, los Bávaros Illuminati. Hay dos dialectos uno que es el bávaro y otro que es el alemán, sería como el catalán, el gallego y el español. Siguiendo las series que vamos a ir tratando, hemos empezado haciendo una introducción con las teorías de las llegadas de los visitantes extraterrestres, manipuladores de nuestro ADN, su vinculación con la trama universal heredada de los cultos estelares (haciendo referencia a su vez al primer apartado), el mundo religioso y político, el cual hemos concluido procede de la sociedad occidental de los druidas de la antigüedad. Sin embargo, en los próximos volúmenes hablaremos también sobre la estructura cultural, social y la ciencia Illuminati; sacrificios humanos y animales, el mundo espiritual, conocimiento oculto en Hollywood, los druidas, el movimiento por la verdad, o Truth Movement, en más profundidad y también hablaremos sobre invasiones alienígenas, el espacio secreto, que a priori se perfilan como temas muy interesantes.

Egipto, Israel, secretos de momias caucásicas y como consumían drogas alucinógenas y plantas enteogénicas para comunicarse con espíritus de aliens y astros.

¿Cómo empezó esta guerra contra la humanidad?

Algunos la llaman la batalla final, la última era, la era del Apocalipsis. Las falsas profecías "pro-Yahvé" y otras sectas apocalípticas alineadas con el Nuevo Orden Mundial como los evangelistas, mormones, adventistas y testigos de Jehovah.

Ahora vamos a hablar sobre el poder de las realezas y algunos secretos de los bávaros y los Nazis. En el estado Español, la Reina consorte Victoria Eugenia de Battenberg (Nacida en el Castillo de Balmoral, Aberdeenshire, Escocia, en 1887 y fallecida en Lausana, Suiza, 15 de abril de 1969) fue la reina consorte de España a través de su matrimonio con el Rey Alfonso XIII. Era nieta de la reina Victoria I del Reino Unido y bisabuela paterna del actual monarca español, Felipe VI. Como se dice en Inglaterra, la madre Reina; era abuela del Rey emérito. Podríamos hacer el chiste de que a la realeza le gusta la victoria. Pero esas vinculaciones van más allá que un mero juego de tronos.

Nos referimos a las Realezas europeas como el real decreto Reich de los ricos, es como el Royal Reich, sabéis que los Nazis decían Ein Volk, Ein Reich, Ein Führer. Un mundo, un reinado, un Führer (un jefe). En la tradición más honesta de las docenas de casas soberanas. La que controla realmente la totalidad de la riqueza en Alemania, Austria y Suiza históricamente han sido las familias Alemanas, bueno todas derivan de allí, todas...

Atentos a estos nombres Saxo-Coburg and Gotha (Sachsen-Coburg und Gotha 1826-1918) que es el mismo clan de la familia Real Británica, después tienes los Saxen-altenburg que son familia cercana, de hecho el Rey de España es primo hermano del duque de Edimburgo, si que coincidencia, sabía que lo ibas a pensar. Originalmente griego y primo hermano de la Reina emérita Sofía.

Después tenemos a los Saxen Meiningen también de la familia real Hesse-Kassel que son las familias que manejan el business mundial ahora mismo. No Merkel, ni Rajoy, ni Hollande, ni Cameron, también hay una familia Alemana-escandinava, es decir, Danesa-Alemana que se llama: Schleswig-holstein-sondensburg-glucksburg(Llamada también Casa de Glücksburg, por tener su origen en Glücksburg, ciudad del norte de Alemania, es la dinastía reinante en Dinamarca y Noruega, y fue la casa de los Reyes de Grecia hasta la abolición de la monarquía en ese país). Y la casa de Reuss, no solo tienen todos los Holdings de Alemania, Bavaria y suiza, también son conocidos como el ducado de Hessel. Esto fue valorado en cuatro millones de marcos alemanes en 1940, hoy en día es el equivalente de 90 millones de euros, 90 millones que ya tenían estas familias y eso es tan solo una de las miles y miles de propiedades que tienen, estos príncipes oscuros también tienen Holdings y posesión de las obras de artes más grandes de la historia, su riqueza es inimaginable e incalculable.

De izquierda a derecha por arriba 1) Jacobo Rothschild 2) Nathaniel su hijo 3) Juan Rothschild 4)Evelyn su tío 5) David Rockefeller 6) Nathan Warburg 7) Kissinger 8) Soros 9) Pablo Volcker 10) Larry Summers 11) Lloyd Blankfein 12) Ben Shalom todos trillonarios trabajando para otros súper ricos que están por encima de ellos que son el Vaticano y Las Realezas Europeas.

Si ves presupuestos de los EEUU o de Apple, o de Microsoft y son billones, estos no manejan billones sino trillones, es decir, son trillonarios. Cuando la gente ve el Forbes dice:¡Ah, mira este es millonario! o a lo sumo billonario, pues esta gente es trillonaria, pero no aparecen en el Forbes. Han utilizado esta fantástica e increíble riqueza para fundar y subvencionar el partido Nazi.

Como un ejemplo de estas riquezas, las familias británicas de Bavaria de Gotha, han hecho increíbles sumas de dinero en el mundo del arte. Todas las colecciones de arte de la élite de las casas reales británicas bávaras tienen cajas fuertes privadas que raramente las puede ver un coleccionista, son de los maestros más grande del arte europeo, como Rubens o Rembrandt tienen un mogollón. Además de estas pinturas tienen joyería y escultura, mucha de la joyería robada por los Nazis a gente en Alemania, no solo judíos, sino también a gentiles. Las familias de las élites Reales no sólo de Gran Bretaña si no también la española, la de Bélgica y los de Holanda, tienen enormes colecciones y manuscritos. También poseen tratados en demonología, aparte de todas estas obras de arte que tienen y joyería robada en un buen porcentaje.

El rey jacobo escribio la biblia y un libro de demonologia...

Además tienen manuscritos ilustrados a mano y tratados de demonología, y magia que el Rey Jacobo (Llamado King James, o Rey Jaime como lo queráis llamar) tradujo de la biblia protestante. Escribió su propia antología de brujería titulada "Demologías". El rey Jacobo quiso tener el monopolio de invocar a entidades de otros mundos y dimensiones, y por eso fue el azote de las brujas y cabalistas en su época, buscan la excusa de que los aquelarres de mujeres y cabalistas eran malos, malísimos. Sin embargo la verdadera razón, era eliminar competencia en este ámbito. De hecho el príncipe Alberto Saxen-Coburg and Gotha, el príncipe Alemán regente casado con la fallecida Reina Victoria que ascendió al trono en los años 1.800 tenía libros enteros de Sketch de Rubens, y no se puede calcular su valor; solo un sketch de Rubens en una subasta y no estamos hablando de Ebay o Wallapop; en una subasta física de Christie´s podrían llegar a 2 o 3 millones de libras para ponerlo en euros o dólares, podrían ser entre 4 o 5 millones de dólares o euros.

Estos tesoros de arte del príncipe Alberto ahora son propiedad de la Reina Isabel II porque pasa a los herederos y la restauración de todas estas obras permanecen ajenas al público que además, el contribuyente inglés, tiene que pagar por ellas para que se restauren y estén siempre perfectas o conserve su valor que es lo mismo. La riqueza de las familias reales que son la mayoría de los tronos de Europa es increíble, son los señores y propietarios de países enteros, no solo tienen tierras, pero también tienen villas y ciudades. Por ejemplo, la Reina Isabel II de Gran Bretaña tiene en propiedad el ducado de Lancaster hoy en día. Durante la Segunda Guerra Mundial cualquier funcionario, militar o cualquiera que tuviera tierras en el condado de Lancaster que fallecía sin herederos o sin hacer testamento automáticamente pasaba a propiedad de la familia Real, imaginaros que propiedades y dinero pueden llegar a tener.

De hecho la familia real británica Illuminati, bávara, ha estado subvencionando las sociedades secretas del mundo, entre ellas el MI5 o el MI6 que son los servicios secretos, como en la película 007, James Bond. Por eso Ian Lancaster Fleming escribió sobre James Bond y su propia profesión de espía. Christopher Lee (Drácula) era su primo. Escribía de lo que conocía de espionaje, por eso James Bond dice la frase por Inglaterra y la Reina, de hecho hay una que exactamente reproduce la declaración: su Satánica Majestad la Reina. Los Illuminati desde 1.700 han cambiado y han forjado a su antojo el ambiente y la textura no solo fiscal en Europa, pues fundaron distintas casas reales en conjunción con el vaticano, sino que son los verdaderos arquitectos de la fiscalidad y la geopolítica desde Siglo XVIII hasta el XXI.

Estas familias que son el Reich como lo era Hitler para el nuevo orden mundial, han declarado a partir de 1913 la guerra a todos los humanos. En 1913, si investigamos sobre la ingeniería realizada por los ingleses del asesinato del príncipe por el Káiser Alemán. Dicha ingeniería pertenecía a las familias reales, están aquí las familias y sociedades secretas pujando unos con otros y el resultado fue la Primera Guerra Mundial. Guerra que fue una catástrofe total, un baño de sangre y un fuego del averno, donde muchas capitales europeas quedaron en las cenizas, muchas quedaron peor en la primera que en la segunda, monumentos, pueblos, ciudades y por su puesto gente llana.

Toda esta reconstrucción de la arquitectura de Europa, la sociedad y sus monedas fue diseñada y planificada por un Illuminati llamado Adam Weishaupt, que era un jesuita. Esto no quiere decir que los jesuitas en definitiva sean todos Illuminati o los Illuminati sean todos jesuitas. Es más afirmar con rotundidad lo contrario es faltar a la verdad y ser un ignorante.

(Niños jugando con billetes hiperinflados de moneda fiduciaria de la república de Weimar a principios del siglo XIX).

Otra cosa bien distinta es que ellos juegan su rol y que las altas esferas dentro de la organización estén bien conectados con los que asumen el rol de iluminados. Adam Weishaupt perpetrado bajo la venganza y patrocinado por las familias Bávaras Illuminati; Sin embargo digamos que la providencia, la justicia, y la gente valiente de Europa prevaleció en 1918 y toda esta élite guerrera germánica y teutónica tuvo que abdicar y claudicar en un armisticio que se declaró en 1918. Obviamente la responsabilidad y culpa de todo este baño de sangre, de destrucción y cenizas, de infierno creado en la tierra fue adjudicado al Káiser y sus aprendices militares de los cuales se incluyó a un joven austriaco que se llamaba Adolf Hitler. Culparon al Káiser, pero Hitler estaba participando en la Primera Guerra Mundial y era uno de los discípulos militares del Káiser y era un joven austriaco.

Para llevar a estas familias reales demoníacas hacia lo más alto en el poder, la moneda alemana fue devaluada (buen truco en su beneficio), hasta el punto de que uno necesitaba una carretilla de dinero para comprar una barra de pan, imaginaros después de la guerra lo que el pueblo Alemán pasó, donde además murieron millones de ellos luchando. Este plan fue llamado la República de Weimar, una república en la superficie que desestabilizó un poco la dictadura del Káiser, pero solamente un poco. Siguiendo la victoria de los aliados en 1918.Una serie de decretos favorecieron a la población, e intentaron sacar a las familias reales el poder de nacimiento y por consiguiente de tener poder político en Alemania, le quitaron muchos privilegios que tenían el Káiser y las familias Bávaras. En principio tan solo fue sobre el papel, con la riqueza que ya de por sí tenían y el control que tienen sobre todas las tierras de millones de hectáreas en los campos de Europa; las familias de las realezas germánicas, teutónicas y británicas de Europa consiguieron seguir con su plan maestro, su Master plan. O como dijo Aleister Crowley volvieron a su plan del gran trabajo, el trabajo de todos los tiempos. Volvieron de nuevo a la primera línea alrededor de 1928.

¿Comienza el crack famoso?

Exactamente, ahí empiezan a meterse con los Estados Unidos, aunque ya lo hicieron en 1918 con la ley de enmienda para tributar impuestos, aunque ya existían ciertas necesidades de las grandes empresas como la industria del caucho para neumáticos etc. Además emergieron familias británicas y alemanas de forma secreta en los Estados Unidos, ellos se infiltraron en cualquier punto estratégico. Un estratega militar británico, el mayor general, (DSO), dijo lo siguiente:"El gran trabajo es introducir el caos y la destrucción en este mundo como prescribe el libro de la ley."

Si estamos familiarizados con Aleister Crowley, el libro de la ley es uno de los que escribió él, bastante oscuro. J.F.C Fuller era amigo del Rey Edward entre la Primera Guerra Mundial y la Segunda, además de ser amigo de Hitler y por si fuera poco sirvió como mano derecha de Aleister Crowley. No solo era un escritor, mago, curandero, y experto en el esoterismo; incluso Aleister Crowley trabajaba en su tiempo libre para el MI6. Este servicio secreto es para el que trabaja James Bond, es el servicio extranjero de inteligencia británico y fue el que dialogaba también con los Nazis.

Él era el intermediario en la oscuridad, solo tenían acceso a esta información secreta muy poca gente; de hecho Rudolf Hess cuando lo capturaron, curiosamente, en Escocia y esto fue así porque allí era donde podía encontrar a Aleister Crowley (foto arriba derecha), aunque dirán que vino a rendirse no es así. Rudolf Hess(arriba foto izquierda) que fue secretario de Hitler, realmente fue a visitar a Aleister Crowley para que le leyera una carta astral y por asuntos esotéricos. La persona que arrestó a Hess fue un policía, es como si un Guardia Civil detiene a Bin laden cuando se lo encuentra por la calle, por supuesto que va a ser un héroe. Al final el hombre normal y corriente se da cuenta de todo, un policía escocés lo arrestó y no el servicio de la inteligencia británica que no quería detenerlo. *¿Cómo va a aterrizar un avión nazi o extranjero en Escocia si no lo dejan aterrizar ni sobrevolar su espacio aéreo?*

Según la versión oficial:

"Rudolf Hess voló en solitario en un bimotor BF 110 rumbo a Escocia. Logró burlar la vigilancia de las patrullas de la RAF y se lanzó en paracaídas, donde fue hecho prisionero pese a sus alegaciones de que había ido allí para iniciar conversaciones de paz."

Hay muchas elucubraciones al respecto. Algunos argumentan sólidamente que era un plan premeditado del propio Adolf Hitler para buscar la paz con el Reino Unido, ya que tras la Operación Barbarroja tendría que lidiar en dos frentes. Otros creen que fue una iniciativa propia, de la cual el Führer tenía algún conocimiento y, aunque se mantuvo al margen, tampoco la obstaculizó. El primer príncipe Nazi no es un skinhead, sino Christoph Von Hessen-Cassel. Nombres que volvemos a tener delante de nosotros, este "príncipe" era el cuñado del príncipe Felipe, no el actual Borbón, sino el Duque de Edimburgo, el actual esposo de la actual Reina Isabel II. Su cuñado el príncipe Christoph Von Hesse era el encargado de todo el aparato espía Nazi y secreto de inteligencia junto a Hermann Göering, que fue uno de los cabecillas que se pudo juzgar, ministro muy importante en la Alemania Nazi.

En solo una década la república de Weimar, empezó a tener sus uniformes tipo Hugo Boss y tenían gorros con el símbolo que conocemos ahora como Skull and Bones, la calavera y los huesos. En esa década de la república Weimar ya vestían ese conjunto de Hugo Boss estilo Nazi. Tenían además el Leitmotiv de las hojas de Roble que aparece también en el Dólar. Esto representa la antigua magia del druidismo europeo.

EL CÍRCULO MÁGICO DE WISTOM CHURCHILL

Winston Churchill being installed into the Albion Lodge of the Ancient Order of Druids at Blenheim Palace, 15 August 1908.

Churchill habia convocado a Aleister como su asesor en Astrologia y Magia, del cual era un creyente desde su juventud, habiendose conocido con los masones.

Era miembro de la Logia de Albión, de creencia Celta, siendo tambien un alto sacerdote Druida, celebrando rituales de solsticio cada año en Stonehenge.

Winston Churchill y Aleister Crowley eran altos sacerdotes druidas de Stonehenge, tuvieron una guerra psíquica contra monjes budistas contratados por los Nazis en lo que fue Glastonbury usando la antigua magia celta de los europeos. Pero hay que volver a la niñez de Winston para averiguar más sobre su oculto pasado de la invocación y devoción a espíritus y extraterrestres. Cuando Winston Churchill era joven, habló con un amigo acerca del sentido de su vida. Sus pensamientos eran filosóficos, pero ingenuos:

Uno de ellos de los que se sentía muy orgulloso era:
"Todos somos gusanos, dijo a su amigo, pero creo que yo soy una luciérnaga".
Otros comentarios que transmitían su sentido del destino:

"Toda su vida, Churchill albergó un sentido inquebrantable de su propio destino. Eso exasperaba a algunos, pero inspiraba a muchos."

Con estas palabras inicia Richard Nixon en el capítulo que dedica al premier británico en su libro Líderes. Es sólo una muestra del hecho bien conocido de que Churchill se consideraba a sí mismo un individuo providencial cuya misión era iluminar al mundo y salvar a Gran Bretaña. Porque, en su visión, como en la de otros personajes que jugaron papeles claves en la segunda guerra mundial, esta no era una simple confrontación bélica, sino que alcanzaría dimensiones auténticamente cósmicas. En sus memorias, Churchill comenta de esta manera la fecha en que el rey le llamó para recibirle ceremonialmente en Palacio tras ser elegido primer ministro:

"Sentía como si toda mi vida hubiese sido una preparación para ese momento."

En 1940, al ser elegido para encabezar un gobierno de coalición, uno de los primeros actos oficiales de Winston Spencer Churchill fue declarar un día nacional de oración. También pidió un minuto de silencio diario, a las nueve de la noche, antes de la emisión de las noticias nacionales, durante el resto de la guerra. Se cuenta que Hitler comentó: "Esta es el arma secreta más potente de Churchill." La idea de que toda la nación medita como una forma de contribuir a ganar la guerra, se debía a una sugestión de Wellesley Tudor Pole, un gran místico y fundador del Chalice Well Trust, en Glastonbury, lugar que la tradición inglesa asocia con el Santo Grial. Miembros de la familia Pole fueron consejeros espirituales de varios reyes y reinas de Inglaterra.

Leonard Cheshire, coronel de la aviación británica (RAF), encargado de destruir los pantanos del Ruhr y observador británico en el bombardeo atómico sobre Japón, confesó que trabajó en la Inteligencia de la RAF localizando objetivos para los bombarderos.

¿Acaso tuvo Churchill una preparación esotérica?

Por casualidad, Lady Anne Blunt, nieta de Wilfrid Scawen Blunt me comento hace años que su tío, poeta y viajero por los países árabes fue gran amigo de notables ocultistas, como su amante Lady Gregory y el poeta irlandés W. B. Yeats, aquella miembro y éste gran maestre de la sociedad Golden Dawn, legendaria orden ocultista. Esta amistad hizo que como otros miembros ingleses de esta sociedad secreta, pese a mantenerse al margen de la política, estuviese a favor de la independencia de Irlanda.

Al morir, en 1923, le enterraron en su propia finca, en una cripta grande, sentado en una silla, con su cuerpo embutido en una gran alfombra arábiga, cara al sol de la tarde, en el cruce de dos avenidas de robles, los árboles mágicos de los druidas: había dejado su tumba preparada antes de su muerte, carente de símbolos cristianos, pero cubierta de rosas de sus jardines. Su mujer, Lady Anne Wentworth, fallecida en 1917 en Egipto, fue enterrada allí en una tumba idéntica, mirando hacia el lugar donde estuvo emplazada la ciudad sagrada de Heliópolis, donde ambos tenían una finca construida cerca de la tumba de un santo musulmán del siglo Xl, el Sheikh Obeyd.

¿Quien introdujo a Churchill en el ocultismo?

Lady Anne Blunt contó que Churchill y su novia Clementina pasaban frecuentemente fines de semana en la finca de los Blunt en Sussex, charlando con su abuelo Wilfred y con otro de sus amigos y suegro de su hija, Lord Lytton, quien había sido virrey de la India y era hijo de Lord Edward Bulwer Lytton, uno de los esotéricos más reputados del pasado siglo.

Diputado en el Parlamento, **Lord Edward** fue autor de novelas históricas y esotéricas, como "**Los últimos días de Pompeya**", "**Zanon el iniciado**" (un cuento rosicruciano) y "**La Raza que nos Reemplazara**" (The Coming Race). Gran Prior de la Orden Rosa Cruz de Inglaterra y amigo de Eliphas Lévi, el gran ocultista francés, Bulwer-Lyflon invocó junto a éste, en el transcurso de una ceremonia mágica celebrada en Londres, al espíritu del mismísimo Apolonio de Tyana(supuesto Jesús de Nazaret histórico para muchos ya que fue crucificado y se le conocieron obra y milagros en el medio oriente), gran iniciado del siglo I. Hay razones para sospechar que Blunt y Lytton fueron los que introdujeron a Churchill en estos temas, que tal vez tuviese con el primero una vinculación mayor que la simple amistad.

En la boda de este último, Wilfred Blunt estaba en primera fila, como si se tratase de un miembro de la familia, si bien es cierto que aquel era íntimo amigo de la suegra de Winston y, según reconocen sus biógrafos, estaba convencido de que podría ejercer una influencia sobre el joven Churchill aún mayor que la que había tenido sobre su padre. Aunque luego sus concepciones políticas divergieron, siguieron siendo grandes amigos. El emblema de Blunt, que figura en la entrada de su casa y en la portada de sus libros, era un sol radiante y las palabras: By your light, I live "¡cerca de tu luz, vivo!", palabras que parecen propias de un iniciado en la tradición solar egipcia. Su tumba en la iglesia de Bladon con Woodstock, según he podido comprobar personalmente, está encima de una línea energética y hay una forma geométrica, detectable radiestésicamente encima de la losa.

Cuando se visita la tumba de Churchill, en Blandon, parece una tumba más en el cementerio de un pueblo inglés. Pero al hablar con el cura local me aseguró:

"Mister Churchill me indicaba este sitio con su bastón, diciéndome: "Esto es mío y si usted se lo da a otro, volveré para aparecerme como un fantasma, ¿comprende? Por eso yo se lo guardaba para él."

Si uno se sitúa en la línea del eje de la losa y mira a través del valle, contempla el gran palacio de Blenheim, sede de los Marlborough, los antepasados de Churchill, y el eje de la losa es también el eje del palacio. Leyendo las memorias y discursos de Churchill, no nos deja ninguna duda sobre su actitud frente al nazismo. En ellos no describe a Hitler como un pintor de casas loco, como hacía la propaganda del gobierno británico. Hablaba del nazismo como la encarnación del mal:

"No vamos a parar hasta que el último ápice del nazismo se extirpe de la faz de la Tierra."

Diversos autores han hablado extensamente de esta visión maniquea de la segunda guerra mundial, como un conflicto entre la luz y las tinieblas; uno de ellos fue **Hermann Rauschning**, alguien que trató muy de cerca al Fúhrer. En su libro "Las ciencias secretas de Hitler"(Editorial EDAF), **Nigel Pennick** da suficientes explicaciones acerca de la utilización por parte de los nazis de las fuerzas ocultas, y de la conciencia que ciertos mandatarios británicos tenían sobre ello. Resulta muy interesante lo que me explicó Marie Therese Fisher acerca de un equipo de radiestesistas convocado por el Ministerio de la Marina, para buscar submarinos alemanes con sus péndulos, asegurándome que tuvieron éxito en la mayoría de los casos.

> Zahoríes. Un zahorí, a veces llamado **radiestesista** o rabdomante, es alguien que afirma que puede detectar cambios del electromagnetismo a través del movimiento espontáneo de dispositivos simples sostenidos por sus manos, normalmente una varilla de madera o metal en forma de "Y" ó "L" o un péndulo.
>
>
>
> Radiestesia - Wikipedia, la enciclopedia libre
> https://es.wikipedia.org/wiki/Radiestesia

Esta señora, ya muy mayor, era amiga de Ewan Montagu, ayudante junto con Ian Fleming, que luego se convertiría en el padre literario del agente 007, como dijimos arriba y que es un anagrama para el maestro de los Illuminati John Dee, del almirante Godfrey, director de la Inteligencia Naval británica. Montagu le contó que Godfrey, siguiendo órdenes de Churchill, solía invitar a una pareja a la sala donde había instalado un enorme mapa naval del Canal de la Mancha, y allí les solicitaba que identificasen con sus péndulos los tipos y números de los barcos alemanes que estaban anclados en los puertos franceses. Un día, el almirante dijo a Montagu:

"Tráeme a dos astrólogos, rápido. Necesito conocer las informaciones que le dan a Hitler los suyos".

Es bien conocida la historia de Louis de Wohl, astrólogo que se negó a trabajar para los nazis, y que logró convencer a los ingleses de que la guerra astrológica era una necesidad, ya que al poder calcular lo que los astrólogos de Hitler le aconsejaban hacer, los británicos podrían adelantarse a sus movimientos.

Con el rango de capitán, Wohl trabajó en el Mi5, junto a Seifon Delmer y su equipo. Uno de sus principales cometidos fue concebir y difundir interpretaciones en alemán de las profecías de Nostradamus, desfavorables a los nazis, que eran introducidas clandestinamente en Alemania. Pero sobre esta fascinante historia, y todas las maquinaciones astrológicas que la rodearon en uno y otro bando, incluido el vuelo de Rudolf Hess a Inglaterra, volveremos en los próximos libros. Y Dennis Wheatley, autor inglés de fama internacional, apasionado por lo oculto y amigo del conocido mago Aleister Crowley, publicó después de la guerra una novela sobre la confrontación satánica de un mago negro judío contra los nazis, titulada Fuerzas oscuras. Debido a sus conocimientos enciclopédicos sobre estos temas y a su fértil imaginación, Churchill, a quien fue recomendado por Brinsley LePoer Trench, Lord Clancarty, quien luego se convertiría en un prolífico escritor sobre OVNIS le encomendó la tarea de ponerse en la posición mental de Hitler y su Estado Mayor e intentar adivinar sus planes, como uno de los oficiales especiales del Estado Mayor de Churchill.

Según asegura el propio Wheatley en sus memorias, "se me confió una misión directa dentro de un grupo de menos de treinta personas que controlaba los movimientos de los 9.600.000 soldados del Imperio Británico y tenía línea directa con el gabinete ministerial; mi cometido era de decepción". El propio rey Jorge VI leía regularmente sus sugerencias. El mariscal del Aire, Sir Lawrence Darvall, le pidió que elaborase un plan para la invasión de Inglaterra, concebido desde la mentalidad del alto mando alemán. Aunque no existen evidencias de que se entrevistase directamente con Churchill, quienes despachaban directamente con éste consultaban regularmente a Wheatley. **Trevor Ravenscroft**, fallecido hace más de 25 años, cuenta en "**El pacto satánico**" (Editorial Robin Book) cómo su propio maestro Walter Johannes Stein conoció a Hitler en Viena, en sus tiempos de estudiante, siendo muy revelador el estado psíquico de Hitler, especialmente cuando se quedaba observando fijamente la lanza de San Mauricio, en el Museo de Hofburg. Tras la anexión de Austria, pudo finalmente tener bajo su control el arma que se asegura atravesó el costado de Cristo y que la tradición austríaca considera un talismán de gran poder.

Detrás de la estrategia militar, Hitler observaba la Lanza del Destino, **convencido de que había llegado su momento**

Stein, refugiado en Inglaterra antes de la guerra, asesoró confidencialmente a Churchill sobre Hitler y su círculo inmediato, en el que había grandes apasionados del ocultismo, como Hess y Himmler, aunque aquel no hizo mucho caso de algunas de sus recomendaciones. Churchill fue iniciado en la masonería en 1903, aunque más tarde dimitió, llegando al punto de denunciar, en 1920 la conspiración revolucionaria a la que habrían contribuido algunas sociedades secretas. Casualmente, cuando un conocido mío compró una casa en Westerham, Kent, a 3 kilómetros de donde yo vivo y a un kilómetro de la mansión de Churchill, encontró en el sótano de la misma los libros y el archivo de la logia masónica United Studholme 101, donde figuraba el nombre de Churchill. Yo mismo devolví estos documentos a la Gran Logia de Inglaterra.

No tengo ninguna duda de que Churchill comprendía el mundo esotérico. Sobre sus vinculaciones con prominentes miembros de sociedades secretas todo lo que conocemos son pequeños retazos. Así, por ejemplo, entre sus amigos íntimos se contaban el vizconde Frederick Leathers y el conde de Selborne, presuntos miembros del Priorato de Sión, de cuyas fascinantes maniobras hablaremos en un próximo artículo. Todo el desarrollo de su jardín en Westerham, realizado por él mismo en sus años de exilio político, es esotérico. Hay una gran línea energética, líneas ley y feng shui, que pasa directamente por sus rosales, combinándose magistralmente con una piscina-lago circular.

¿Hizo Churchill sigils arquitectónicos?

Al llegar al poder, Churchill comenzó a diseñar y localizar personalmente los bunkers defensivos del sur de Inglaterra, todos octogonales. Que el octógono genera una energía benéfica lo sabían y utilizaban en sus construcciones tanto los templarios como los practicantes del Feng-Shui chino. Pero los bunkers no eran demasiado efectivos: resultaban obvios y estaban emplazados en lugares poco adecuados. Como ex-oficial de la Infantería Británica, no me hubiera gustado ser responsable de la defensa en estos bunkers. Sin embargo, aunque no dispongo de pruebas, estoy convencido de que cumplían otro objetivo: formaban una barrera energética, similar a las que solían trazar los chinos en torno a sus poblaciones.

Se asegura que cuando Hitler estaba planeando la invasión de Inglaterra, en 1940, todos los covens de wicca, la antigua religión de los brujos blancos, realizaron un ritual con el propósito de crear "un cono de poder" que protegiese a las islas británicas, dirigiendo a Hitler el mensaje mental: "No puedes venir". He investigado personalmente el ataque aliado contra la puerta armada de Dieppe y resulta muy sorprendente que Churchill seleccionara Dieppe como ensayo para la invasión, puesto que aun siendo éste un punto clave en el muro atlántico, el verdadero desembarco estuvo dirigido hacia las playas. Aunque esto podría ser visto como un intento de distraer la atención de los alemanes, no debemos olvidar que Hitler también diseñaba personalmente los bunkers del Atlántico, muchos de los cuales aún permanecen en Dieppe.

Mediante varias técnicas como por ejemplo la radiestesia, se puede comprobar que todos están conectados energéticamente, como lo estaban los bunkers de Churchill, y tengo razones para preguntarme si el ataque contra Dieppe no tendría que ver con esta barrera energética.

¿Guerra psíquica que ganaron los ingleses?

Supuestamente es lo que se cuenta, pero hubo muchos americanos que lucharon valientemente en una guerra que realmente no sabían de qué iba. Ayudaron a sus hermanos europeos, como en la Primera Guerra Mundial cuando se fundó la República Weimar, a destronar temporalmente otra vez estas ansiadas esperanzas de caos y destrucción de los satánicos bávaros Illuminati. El objetivo de esta ofensiva era demasiado limitado. Ocupar las instalaciones de la puerta, para luego retirarse, constituyó un sangriento fracaso. Pero, si seguimos la línea energética que forman los bunkers, nos damos cuenta de que ésta pasa por una iglesia medieval muy lejana al objetivo de la ofensiva, y a la que ningún soldado de los que participaron en la misma debería haber llegado.

Exactamente en el eje físico y psíquico de la iglesia hay una losa con las palabras "Aquí murieron dos soldados canadienses en el ataque contra Dieppe."

¿Qué estaban haciendo allí, en aquel punto tan exacto?¿Se trataba más de una penetración psíquica de Europa que de una operación militar?

Los chinos perforaban las defensas psíquicas de manera similar, antes de atacar físicamente, como cuenta Stephen Feuchtwang en su libro Chinese Feng-Shui. Al final de la guerra, Churchill se dirigió a Berlín. Tras mirar durante un rato las ruinas de la cancillería del Reich, diseñada personalmente por Hitler y edificada en tiempo mínimo por Albert Speer, ordenó que no quedase ni una piedra encima de otra. Así lo hicieron los ingenieros del ejército británico, y las piedras de este edificio fueron usadas por los rusos para construir su monumento conmemorativo de la guerra en Berlín Oeste. Se asegura que en los juicios de Núremberg contra los dirigentes nazis acusados de crímenes de guerra, Churchill prohibió terminantemente a los jueces y fiscales admitir cualquier evidencia referida a cuestiones ocultistas. Pese a todo, en su libro **"The Núremberg Trials"**, *Sir Hartley Shawcross*, fiscal provincial inglés, comenta que a lo largo de los mismos hubo diversas referencias a temas esotéricos.

Churchill confesó a Walter Stein, según me contó Trevor Ravenscroft, que "en primer lugar, yo no quería que semejantes evidencias hubiesen sido aceptadas como pruebas que redujesen la responsabilidad de los dirigentes nazis, como enfermos mentales; en segundo lugar, no creo que el público en general esté preparado para semejantes cosas."

Si Hitler estaba dotado de un verdadero poder hipnótico sobre las masas, auxiliado por su voz, gestos y ritos mágicos, también Churchill tenía el poder de comunicar con el psiquismo profundo de los aliados. Cuando John Kennedy pronunció un discurso en el Capitolio, con motivo del nombramiento de Churchill como ciudadano honorífico de los Estados Unidos, dijo:

"Usted ha comprendido el verbo como un arma de guerra."

Una práctica común entre estos "Illuminati" para llamarlos en resumidas cuentas, es la acumulación de poder. Tanto de riquezas como cualquier otro tipo de poder, ya sea influencia o tipo de manipulación-control en los distintos países. Está muy difundido por Internet sobre una casa Real que se apropió supuestamente de una suculenta herencia del Duque de Hernani. Estos príncipes iban paseando por la calle en los años 30, con sus trajes Hugo Boss y su esvástica que es un símbolo mágico y religioso hindú al reverso. Este símbolo al reverso significa, la anti polaridad de las fuerzas cósmicas.

Esta fue la bandera con la cual los príncipes reales y sus apadrinados bastardos, ilegítimos digamos, Hitler y Himmler caminaban por las calles. Durante muchos años hubo reuniones secretas en el Soto de Bohemia, lo que llaman Bohemian Group organizado por el Club de Bohemia y San Francisco. Es un club privado que se llama el campamento de la esvástica. Los príncipes Bávaros de la Saxen-Coburg and Gotha, los Holstein cercanos a la frontera danesa de la cuál desciende el duque de Edimburgo aparte de su ascendencia griega, donde nació. Iniciaron un terrorífico baño de sangre de proporciones desmesuradas y se llamaron a sí mismos los Nazis, o Nathi. Hay o hubo una secta en los que hoy es Egipto, Israel que se llamaban los Nathi Brit, venían de un pueblo llamado Nazarit o Nazaret. De hecho no existió hasta el siglo V, por tanto Jesús no podía ser de Nazaret, pero había una secta que se llamaba los Nazabrit que venían de los esenios o Físios (más información en nuestro libro de **Astroteología vol.1 y 2**).

Los Físios llamados Nazrabrit, Nazis que se llamaban así en arameo. Fijaros que las familias reales se hacen llamar así, Nazis o del partido Nazional Socialista. Estos miembros del partido eran hombres de paja, meros títeres, regidos por un veterano de la Primera Guerra Mundial que estaba medio ciego, insano y consumía un montón de drogas, prescritas por su Dr. Morell incluido anfetaminas, cocaine y morfina (Ver Irish Mirror papers abajo foto); ese veterano de guerra se llamaba Adolf Hitler.

Es curioso como los príncipes y princesas tuvieron hijos y en su honor a muchos de sus hijos fueron llamados Adolfo, o Adolfito si era pequeñito. Como si un musulmán le llama a su hijo Bin Laden, pero a su vez estas monarquías eran orgullosas y se hacían llamar Nazis y afirmaban ser del partido Nacional Socialista. Al mismo tiempo que tenían al medio ciego, y también metido a pintor Adolf Hitler, estas familias tenían sus sociedades secretas en el Vaticano para controlar la religión además de lo político. Como dijo un hombre sabio un día, "No hay ni un solo movimiento religioso que no sea un poco político, ni un movimiento político que no sea un poco religioso". Las sociedades secretas Illuminati Bávaras, Holstein, duque de Edimburgo, Isabel II, las alemanas Saxen-Coburg and Gotha, contactaron a sus hermanos de la sociedad religiosa en el Vaticano.

CAPÍTULO 5 NAZIS JESUITAS Y LA NOBLEZA NEGRA

El Vaticano se puso manos a la obra para hacer tres frentes, y así poner tres cabecillas; el primero, Francisco Franco en España, el Segundo Mussolini en Italia y el tercero en discordia Hitler en Alemania como el jugador fundamental de este juego de Ajedrez (De padres y fe Católica). Ellos creían en un Jesús rubio y de ojos azules que curiosamente es lo que se ve en muchos sitios a día de hoy, un Jesús Hippie de origen caucásico, lo que llaman un Jesús Amorita. Y esto comenzó con los Nazis, igual que las olimpiadas no empezó en Grecia si no que toda esta parafernalia y protocolos comenzó con los Nazis también, pero la mayoría de la gente se cree que esto es de Hércules y Grecia. El Vaticano comenzó dos frentes y medio, el primer frente que lo habían construido los Illuminati de Baviera, Austria, Alemania y Suiza con Adolf Hitler; y el Vaticano con Francisco Franco y Mussolini. Tres dictaduras en un solo orden mundial por eso Hitler decía Ein Volk, Ein Reich, Ein Führer; porque querían un pueblo, un imperio y un líder, es decir, un nuevo orden mundial.

De ahí que se hiciera un acuerdo para hacer ceremonia inaugural justo delante de la estatua de San Pedro, porque esto lo inventó el Vaticano con sus marionetas, familias principescas del norte de Europa y Gran Bretaña. No menos que nueve miembros de la familia Saxen-Coburg and Gotha, esto está probado, se puede buscar en The Guardians por ejemplo, donde se ven fotos que prueban que eran miembros prominentes del partido Nazi. Algunos de estos príncipes billonarios, ni Bill Gates, ni Steve Jobs, ni Carlos Slim, no le besan ni las sandalias a estos; era incluso oficiales de las SS y vestían la calavera y los dos huesos, que llamamos Skull and Bones, lo mismo que una universidad americana ¡Caramba! en Yale que tienen una sociedad secreta del mismo nombre, todo es casualidad en esta vida. Cuando le preguntan a John Kerry, que era hasta 2017 ahora Secretario de Estado de los Estados Unidos desde 2013, ¿Que es Skull and Bones? Contesta que es tan secreto que no puede hablar de ello.

Esta insignia o emblema significa la cabeza de la muerte. Porque ellos gestionan todo y es como si tuvieran una visión extra y en muchos casos al haber gestionado tantas muertes, pueblos y ciudades bombardeadas como Dresde o Guernica, por la mañana exterminan y torturan, y por la noche toman té en los hoteles más lujosos del mundo mundial. Otra vez (en la Segunda Guerra Mundial) las calles de Europa estaban bañadas en una orgía de sangre y fuego. Los Illuminati Bávaros se llamaban en el Siglo XVIII, el culto del fuego o Hellfire Club. Pero si es importante conocer los desmadres e intenciones de los "Nazis" de cualquiera de los dos bandos, aún es más saber de donde nacen todas estas ideas, conceptos y sobre todo el ya mencionado gran plan, para ello, tenemos que retroceder un poco en el tiempo. Podríamos retroceder aún más, pero para que conozcáis unos conceptos básicos para ir tirando de la madeja vamos a hablar de uno de los momentos más claves de la historia.

No es casualidad que existan tantas películas y series televisivas utilizando este leitmotiv. Y Así es como todo esto comienza por John Dee que era el mago de la Reina Isabel I, hizo un pacto con unas entidades extradimensionales y extraterrestres, su apodo era James Bond 007. Aquí encontramos un cruce de caminos muy interesante ¿Simpático verdad? El hizo un pacto con un macrobio. Tenemos a nivel de microscopio los microbios, pero para contactar con estas entidades macros, extradimensionales e interdimensionales, y extraterrestres porque no solo están en la tierra.

La moneda común en el mundo espiritual es la sangre, el baño de sangre bajo una orgía total de sangre, sufrimiento y fuego, por eso nuestros pobres militares que van a las guerras todo el tiempo, van llevando consigo Insignias. Normalmente son insignias de estrellas y otras más estrambóticas. ¿Por qué no visten sin llevar insignias? Si es capitán porque no poner una letra que ponga simplemente "capitán", "comandante" o 'C', pero ellos no, tienen que llevar estrellas, los aviones también, llevan cruces y otros signos. En definitiva político-religioso y religioso-político. Vaticano, Reyes españoles, Reyes británicos, al frente Franco, Hitler y Mussolini. El duque de Edimburgo con sus dos hermanas alemanas, las cuales eran Nazis porque se casaron con Nazis federales, eran entusiastas de los que le pagaban a Hitler, o de a quienes rendían cuentas y a Hitler también.

Prince Christoph von Hessen at his desk at the Research Office (Forschungsamt) of the Reich Air Ministry, 1934. He wears his SS uniform.

De hecho la princesa Margaret Von Hessen o Margarita de Grecia (no tiene nada que ver con tequila o margarita), también llamada Margarita de Schleswig-Holstein-Sonderburg-Glücksburg para no perder el hilo de estas familias. Como su hermano el duque de Edimburgo, Philip, es alemán, griego y del norte de Europa. Ella se casó con el príncipe Gottfried Hermann, Príncipe de Hohenlohe-Langenburg que era un oficial Nazi, además fue el que lideró la opa hostil contra Austria militarmente hablando y afiliado en el partido Nazi allá por mayo del 37. Después tenemos al príncipe Moritz, Moritz Friedrich Karl Emanuel Humbert, por lo menos veinte miembros de su familia se unieron al partido Nazi.

Desciende de Mauricio de Hesse-Kassel, llamado el Iluminado. Oficialmente participó en experimentos de alquimia. Fue un duque-príncipe que fundó y subvencionó muchos manuscritos mágicos y de alquimia, también creó manifiestos Rosicrucianos, fueron publicados en la ciudad de Kassel que sin duda es el nido de actividad ocultista. Sus postulados posiblemente son precursores tanto de las sociedades secretas como de los de Adam Weishaupt.

Recibió una fuerte educación luterana, instruyéndose íntegramente en los postulados teológicos de Philipp Melanchthon y Martin Bucer. Fue llamado el iluminado por su interés y desempeño en diversas áreas del conocimiento. Participó en experimentos de alquimia. Se sabe que hablaba ocho idiomas. Destacó en el campo de las letras, interesándose por las alegorías. Fundó el Othoneum de Kassel, un teatro dedicado a obras en lengua alemana. Llegó a componer varias obras musicales, y fue el descubridor y patrocinador del destacado compositor Heinrich Schütz.

Se convirtió al calvinismo en 1605, bajo el principio Cuius regio eius religio (a quien gobierna su religión), obligó a sus súbditos a abrazar su nueva religión. Su conversión le acarrearía conflictos desde el principio, pues la Paz de Augsburgo de 1555 daba el derecho a los príncipes alemanes a elegir entre el catolicismo y el luteranismo, pero no hablaba nada del calvinismo, que era una religión prohibida. Nada de esto lo vamos a ver en Discovery channel, los americanos llegan a liberar a sus amigos europeos, los Nazis malos salen al acecho y España es neutral, al igual que Irlanda.

Figure 1: THE ILLUMINATI EMBLEM OF MI5
WHICH TELLS US EVERYTHING WE NEED TO KNOW

With growing lay knowledge and understanding of the transnational depredations of occultic Masonry, many organisations have adopted the practice of hiding their Freemasonic and Illuminati connections and pedigrees - although it is deliberately 'allowed', in what they name the 'Age of Aquarius', that esoteric orientations may be displayed. The international oil companies have always displayed their geomasonic linkages through corporate symbology (pyramids, sunbursts, circles, etc). Britain's MI5 intelligence service uses this occultic pyramid symbol, which is almost 100% geomasonic. In the top sub-triangle, the 'I', supposedly for 'Intelligence', is symbolic of the all-seeing eye of Set (Satan) or Lucifer, which is also shown. In the left sub-triangle, the 'M', which the layman is supposed to assume stands for 'Military', further alludes to Molech, the Caananite god-idol to which the children of Israel sacrificed their unwanted children. In the right-hand sub-triangle, the 'V' stands not only for the 'perfect number' 5, but also, in part, for the state of so-called 'perfect knowledge' to which Freemasons aspire as they 'progress' towards total illumination (actual possession by Lucifer, or Set)

Desgraciadamente esto no es así, es mucho más siniestro todo esto. Muchos de ellos no los ves en televisión, pero sí escuchas sobre ellos, por ejemplo la hija de Moritz Hessel-Kassel, es decir Mafalda von Hessel-Kassel trabaja para Armani. Otra princesa llamada Sofía, prima lejana de la ex-Reina Sofía de España, esta princesa era una hermana putativa del Duque de Edimburgo que se casó con un Nazi, que era un gran fanático llamado Cristoph Hessel-Kassel que fue el encargado de dirigir la red de espionaje Nazi en Berlín, se alistó al partido Nazi en las navidades del 31. Como admiración a Hitler a su hijo le llamó Adolfito.

Castillo triangular de Wewelsburg, donde los lideres Nazis nos dicen todo lo que queremos saber, por su forma...

Teniendo los tres frentes, Franco, Mussolini, Hitler, a la élite bávara que le parecía poco todo aquello, dijeron vamos a asignar un puesto también a un apadrinado del principie Enrique, hijo de Luis III de Baviera, no era otro que Heinrich Himmler. Además le dieron fondos para que renovara un castillo en Wewelsburg que después fue la capital del nuevo estado micro-europeo de pandereta, un estado independiente donde sus habitantes eran miembros de la sociedad secreta más grande que el mundo haya conocido las SS.

Tenían una bandera incluso un himno que era Wagneriano, tenían en el castillo dos niveles rodeado de un templo circular. Fue construido en un lugar donde existían espíritus malignos, cuyos libros de demonología que usaban utilizaron para invocarlos utilizando los escudos de algunas de las familias reales. Estaban adornados con criaturas de un libro llamado el Goetia que es un grimorio, en francés significa gramática mágica.

En otros capítulos hablaremos más de esto, del duque de Edimburgo, el carnicero de Lion, de Josef Mengele el cuál inyectaba un líquido azul en los ojos de los niños en los campos de concentración y todo esto fue comisionado por la gran IBM, tal y como estáis leyendo, que fueron los que les pusieron número a los judíos y no-judíos que fueron utilizados como esclavos para construir los V2, cohetes que después utilizaría junto a la NASA para la lanzar sendas naves desde Cabo Cañaveral y Houston.

Nota del New York Times dando detalles de la condecoración de Thomas Watson por Hitler (1937)

Por un lado tenías el caos y la destrucción donde armaron a los Nazis y por otro lado hacían sus experimentos, con sus esclavos que le construían robots, ordenadores y naves o cohetes etc.

Esta corporación IBM (su presidente era Thomas Watson)le dio un sistema de numeración y control a los Nazis, para clasificar a los Judíos y no-judíos según si eran gitanos, judíos, ocultistas, quienes eran videntes o incluso otros datos que les fueran de utilidad, no era meramente un simple número y ya está. Un control absoluto de toda la información como sistema para saber si alguien era demente, cabalista, masón, quien era hebreo, pacifista o lo que fuera, todos o casi todos finalmente fueron masacrados entre 1939 y 1945.

Los jefes, creadores y patrocinadores de estos regímenes brutales y de este genocidio en Europa, tanto en España, Alemania, Italia, el resto de Europa, además de arrastrar a los Asiáticos a Japón como aliado y declarar la guerra a Rusia (por eso Rusia tiene mucho en lo que jugar con lo de

Crimea hoy en día); estos creadores eran los príncipes Nazis de Austria, Suiza, Alemania y sobre todo Gran Bretaña los Saxen-Coburg and Gotha.

Adam Weishaupt, que era un franco masón que colaboró con varios miembros de la realeza alemana y austriacas en la subversión de muchas logias masónicas, no solamente fue un fundador sino que además quería evidentemente tener más poder que otros que tenían similar poder o conocimientos que él. Igual que la Iglesia católica tiene animosidad con otros cultos, con los judíos u otras variantes cristianas, aquí lo mismo.

"Dame control sobre el dinero de una nación y no me importará quién redacte sus leyes"

Mayer Amschel Rothschild (1744-1812)

Fundador de una de las más importantes dinastías capitalistas e imperialistas del mundo. Actualmente la familia Rothschild es más poderosa que cualquier nación.

Adam Weishaupt colaborador con otras familias influyó en muchas subversiones que estudiaban alquimia y distintos conocimientos aparte de meter también los dedos en varias subversiones de monarquías, incluso en la religión cristiana. Los bávaros Illuminati estaban regidos por las casas reales del norte de Alemania y desde Gran Bretaña. Porque querían tomar el control y absorber todas las naciones antiguas de Europa y convertirlas en un estado o súper estado moderno, esta era la intención de Adam Weishaupt en 1700. La marioneta de los Illuminati Saxen, Hessel-Kassel, Borbones; le habían implantado mentalmente que tenían que tener el control de todas las naciones y absorberlas y ponerlas en un nuevo orden mundial. En los edificios que visitas hoy en día en Suiza, en la ONU en ginebra y en Bruselas pone Ordo ab chaos, del caos hacemos el orden todo esto es muy interesante.

EL PAPA CLEMENTE XIV FIRMANDO LA EXTINCION DE LA COMPAÑIA DE JESUS (AÑO 1773)

Para acelerar el negocio de los jesuitas, Carlos III envió de embajador a don José Moñino, quien esforzóse por obtener del pontífice que decretara la extinción de la Compañía de los Hijos de san Ignacio, y aunque Clemente XIV pretendía ir dando largas a ello, a la postre le anunció que accedía, firmando el 21 de julio de 1773 el Breve Dominus ac Redentor noster, por el cual era suprimida en todo el orbe cristiano la orden de los jesuitas.

Los Hessel-Kassel que tenían muchísimos miembros, constantemente han apoyado a sociedades ocultistas como los Rosicrucianos que se llevaban muy bien con ellos; dicha familia en sus escudos y códigos de armas tienen características de demonios que se describen en el libro de Goetia, incluso el escudo de España tienen felinos en general, leones o tigres a veces lo parecen, pero realmente son otras criaturas que están sacados del Goetia. No están representando ningún rollo animal, ni fuerza, ni el Sol, es otra cosa; Son criaturas del inframundo igual que el leitmotiv de los druidas con las hojas de roble y que están en el billete del dólar.

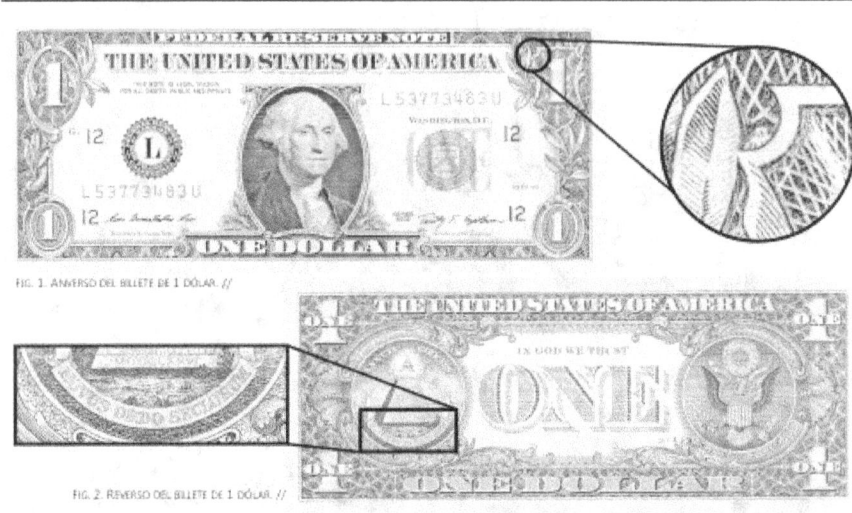

FIG. 1. ANVERSO DEL BILLETE DE 1 DÓLAR. //

FIG. 2. REVERSO DEL BILLETE DE 1 DÓLAR. //

El billete del dólar como sabe todo el mundo tiene el ojo que todo lo ve, y ese ojo que todo lo ve si te fijas bien, es el ojo de Akenatón el décimo faraón de las dinastía XVIII de Egipto, el cual no era ni macho ni hembra, si analizas bien el ojo puedes ver unas escamas. De ahí los levitas en Israel, ellos se creen que son los elegidos de este Dios especial, eso se llama henoteísmo, es decir, cuando es un dios que no es adorado por todos sino por algún grupo que le da un sentido especial, además dicho dios es reptiliano, alrededor del ojo que todo lo ve se observan escamas no como un pez sino como un reptil. Esto es muy importante. Algunas escuelas hindúes son henoteístas al rendir culto en exclusiva a alguna deidad hindú particular como Vishnú o Shivá específicamente por encima de otras muchas. Elhenoteísmo o monolatría (del griego: heis, henos "un" y theos "Dios") es la creencia religiosa según la cual se reconoce la existencia de varios dioses, pero sólo uno de ellos es suficientemente digno de adoración por parte del fiel.

"El Príncipe Klemens von Metternich, de la Casa de Habsburgo, dirigió el Congreso y la Alianza en un intento de destruir todas las libertades protestantes en Europa."

The General Who Rebuilt the Jesuits, Robert G. North, S.J.,
(Milwaukee, Wisconsin: The Bruce Publishing Co., 1944).

Históricamente, el henoteísmo ha aparecido en pueblos politeístas, que por ciertas circunstancias de carácter espiritual han alcanzado el monoteísmo. De esta manera el henoteísta no es un politeísta ni un monoteísta en sentido estricto. El henoteísmo comparte con el politeísmo la creencia en varios dioses, aunque no los considera tan dignos de veneración como el Dios propio del henoteísta. Y comparte con el monoteísmo la creencia de que sólo un único Dios es merecedor de adoración, aunque no niega frontalmente la existencia de otros dioses. El Forschungsamt es comparable hoy en día con la NSA, famosa últimamente por tener algún problema con un chico con gafas que se fue a Rusia.

Un 1 de mayo de 1776, el año también de la Declaración de la Indpendencia de Estados Unidos (inspirada por conocimientos masónicos y/o rosacruces), el teólogo jesuita (antes judío) de la Universidad de Ingolstadt, Adam Weishaupt, fundó la sociedad secreta de los Iluminati, orginalmente llamada la Orden de los Perfectibilistas

La NSA es una copia de la Forschungsamt que era la que reunía la inteligencia e información de los teléfonos y telegramas, tenían una tecnología que muchos expertos fliparían, estamos hablando entre 1935 y 1945, podían incluso interceptar transmisiones electrónicas, los tentáculos de este tipo de NSA Nazi llegaban hasta América, incluso uno de los actores de lo que el viento se llevó, Leslie Howard, sabían que era amigo de Winston Churchill y le gustaba ir mucho a Inglaterra e incluso derribaron su avión en las costas gallegas, creyendo la NSA Nazi que Winston Churchill viajaba con él, fue abatido por 5 aparatos alemanes a doscientas millas frente a la costa de Cedeira en Coruña. Parece ser que estaba en la península haciendo labores diplomáticas al servicio de Gran Bretaña.

Anagrama desordenado

M. — Ancient = Antiguo
A — Order = Orden
S. — Nobles = Nobles
O — Mystic = Místico
N — Shrine = Santuario

Si lo ordenamos, obtendremos la palabra : MASON

Los Nazis le tenían mucha manía a él porque además de ser actor él estaba en el frente. Cuando sucedió, los Nazis creían que habían asesinado a Winston Churchill, pero realmente fueron algunos de sus colaboradores incluyendo a este actor. El príncipe Christopher Hessel-Kassel sería hoy en día como uno de los cabecillas del FBI, sería como John Edgar Hoover en Nazi. Cualquier persona que quería paz o democracia estaba bajo vigilancia, no solo en Gran Bretaña, España e Italia y sobre todo en Alemania obviamente. Con los Pseudoreligiosos, Vaticano y Nazis. Christopher, aparte de liderar este FBI o NSA Nazi se encontraba con Hitler y Mussolini, no todos los días, pero si cada semana o cada quincena. Hermann Göering cuando estaba casándose, junto a Hitler sentado al lado de la mujer de Göering (hay fotos en The Guardian), también se encontraban Sofía una de las hermanas del duque de Edimburgo y también a Marshall Over von Mckesey. A Göering le gustaba mucho hacerle la pelota al príncipe Willem en 1936 y 1937.

ANNUIT COEPTIS EL GRAN
"anunciando
la concepción" **ARQUITECTO**
"Lucifer"

NOVUS ORDO
SECLORUM
"Nuevo Orden Secular"

13 Letras en el Slogan 13 miembros del Consejo
E PLURIBUS UNUM - 13 Colonias Iluminadas'
"UNOde muchos, de Muchos, UNO"

A: LA COLA DEL REPTIL
(unir con)》
'La Telaraña (La Red)'

13 Capas de Ladrillos
· 13 Padre, Madre e Hijo
72 Ladrillos
· 72 Nombres de la Deidad Suprema
En la Kaballah Hebrea

MDCCLXXVI · 1776
Fundación del 'Illuminati'
ɱDCɔLXxVI = 666

www.illuvi.com

ONE=EON=TIEMPO=NEO= EL NUEVO TIEMPO

13Flechas 13Hojas
13 Moras
Familias que controlan América

IN GOD WE TRUST

El Fénix, No el Águila. Que después
de 3 días se fundió con el SOL
y renació de las cenizas 3 días
después.

Las 9 plumas de la cola:
Las 9 esferas (Potencias) que surgen
a un estado Divino.

E: La Cola del reptil
(Unir con A)《《《

En la noche del 30 de Abril al 1 de Mayo de 1776 (víspera de Walpurgis) en un pequeño bosque del sur de Alemania, Adam Weishaupt funda la **orden de los Perfectibilistas**, que poco mas tarde cambiaría el nombre por **"Iluminados de Baviera"**, y como se conoce actualmente, Illuminati. Durante el juramento iniciático, Weishaupt se hizo llamar con el nombre clave *"Spartacus"*.

| Adam Weishaupt | Adolph Von Knigge | Conde Cagliostro | Conde St. Germain | Wolfgang Von Goethe |

El príncipe Philipp se ve en muchas fotografías con Hitler, Göering etc. En el juicio de Lady di, el padre de Dodi Al-Fayed los llamó Nazis, vampiros hitlerianos. Entre las familias reales, la nobleza y todo este Jet set, saben de qué va el rollo. Además Göering perteneció a la francmasonería y de hecho una de las premisas del régimen Nazi era deshacerse de la masonería en la república Alemana, pero Hitler, Göering y Himmler lo que hicieron fue remplazar la francomasonería internacional por su propia marca. No a la contracultura. Esto es lo que las familias reales de Europa siempre han querido en conjunción con el Vaticano y con el reemplazo de la francmasonería que sucedió en el régimen Nazi, dicho régimen no solo fue impulsado por las familias reales Illuminati sino también porque agentes financieros de Wall Street como los Rothschild, los Rockefeller, JP Morgan que son las marionetas de estas familias reales, ahí es donde hay que situarlas y donde las encontrarás.

How Queen Elizabeth got married to the Nazis.

Left: Prince Christoph von Hesse, in Nazi SS uniform, was a high ranking Nazi. He was chief of Hermann Göring's secret intelligence service, an aide to Heinrich Himmler and a colonel (SS-Oberfuhrer) of the Schutzstaffel (SS).
Suits you, your Royal Highness.

Centre: Prince Christoph von Hesse married Princess Sophie, the sister of Prince Philip ("of Greece and Denmark", as THEY say).

Right: Philip "Mountbatten" ('cos he is now a Briton) married Princess Elizabeth and they proclaim themselves Duke and Duchess ("of Edinburgh", so THEY say).

En definitiva el duque de Edimburgo es Nazi, miembro de las SS y cooperador desde un principio, al igual que fue Bernardo de Holanda y otros muchos. Fue testigo de la firma de Stalin al III Reich y el nuevo orden mundial, y se señalaba que él nunca debía ser un francomasón. Hitler y Himmler tenían sus propios planes y su propio estilo jesuita. Los Jesuitas, si buscas su significado en un antiguo diccionario se traduce como asesino, tienen como símbolo IHS Isis Horus y Set (Set el Dios equivalente a Marte que representa la guerra o Satán) Todas estas lealtades, el príncipe Christoph y los príncipes de Europa fueron recompensados y le dieron anillos de Skull and Bones, se llaman en alemán Totenkoff y admitió en especial que ellos pertenecían a las SS, no tenían ninguna conciencia para decir que no.

El príncipe Christopher es cuñado de la Reina Isabel II de Gran Bretaña, ella también está metida en el mismo paquete que ellos, solo que no hay fotos con ellos. Se supone porque su marido fue Nazi, la reina ha leído en el parlamento tratados nada democráticos y acuerdos que amalgaman las antiguas naciones del continente Europeo, convirtiendo a las distintas naciones en un súper estado, siempre piense en sus beneficios no en el vuestro, eso queda descartado.

IBM e IG Farben fueron los encargados de pasar este exterminio físico y pasarlo a un plano computarizado, ellos eran la división donde se encontraban los cuarteles Skull and Bones (Calaveras de la muerte).Para rizar el rizo, en un show enfermizo de las alianzas del 3er Reich, y del nuevo orden mundial Himmler le dio al príncipe Christoph un candelabro ritual que estaba en un altar pagano Nazi, eran varios y fueron dados como regalos a varios príncipes y Reyes, esto se llamaba Julleuchter, y se encendían en los ceremonias neopaganas sobre todo de equinoccio de invierno. Estas ceremonias no solo sucedían en Alemania, sino también en Gran Bretaña, en sociedades secretas y francomasonas; eran ceremonias para reemplazar lo que hoy conocemos como Navidad. Pero mirando en perspectiva la guerra es un ritual, un sacrificio comandado y ordenado por las familias Illuminati bávaras reales las cuales han tenido durante centurias una fascinación con lo oculto. Las guerras en Europa suceden porque las familias reales quieren crear un súper estado.

Igual que hoy en día existen conflictos, pero nada es fortuito, sino al contrario todo es diseñado. La gente se puede preguntar dónde fueron a parar estos Nazis. Ellos formaron una sociedad llamada Odesa, que fundaron algunos de ellos, un micro estado de pandereta en chile llamado Odesa, en chile hay muchas familias descendientes de los Nazis. La Reina Isabel se hace llamar Lilithbel, como la hermana maléfica de Eva, incluso el Rey Philipp se hace llamar a él y a su hijo Pentadragón, el dragón con los cincos principios de la naturaleza, el dragón. Ave y pez.

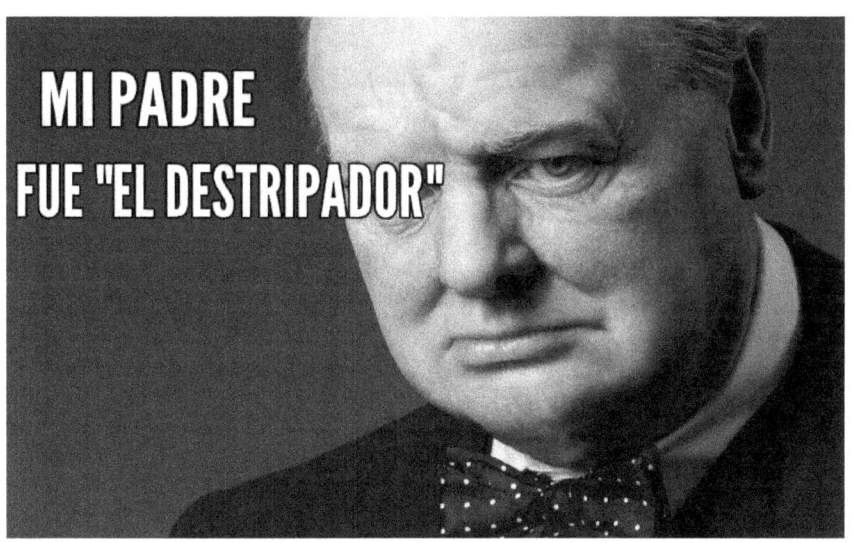

Lo que no saben la gente es que Lady di era Spencer, su nombre completo es Lady Diana Frances Spencer, descendiente de Charles Spencer Tercer conde de Sunderland y Lady Anne Churchill que además tuvieron una bisnieta llamada Lady Diana, El padre de Winston Churchill era la octava generación de la dinastía fue Jack el destripador, y era miembro de una sociedad secreta (Royal archof kensington) que se dedicó a cometer aquellos asesinatos en el sureste de Londres. Este individuo fue el padre de Churchill que fue el ministro de hacienda de aquella época. Lady Diana era de 9 Generación de otra de las ramas de los Spencer, en definitiva, claro que no era comunera, venía de lores y su Tío abuelo, aunque no directamente de sangre, fue Jack el destripador.

¿En definitiva todo se reduce al ímpetu por hacer rituales?

Claro, cuando hay un conflicto lo llaman un "paquete de resistencia" y no es un Malboro, ni Chesterfield, ni nada de eso, en otras ocasiones lo llaman una misión de paz.

Pero es lo mismo que decía Hitler, hay que entrar en Eslovaquia porque nuestros hermanos de allí se llevan mal con los checos y hay que entrar en misión de paz. No dices la palabra guerra y problema resuelto. En varios de sus discursos ya decía que había que hacer un orden Europeo, un súper estado. Un nuevo orden mundial y se puede ver en el concordato Nazi con el Papa Pío y por qué su aprobación del Vaticano a los Nazis.

Piden perdón miles de veces, pero es así como funciona. Esto también aparece en las películas, incluso las fantásticas como las guerras de las galaxias. Darth Vader tiene un casco en forma de pirámide, como el de los motoristas de las SS, Stone troopers, el nombre de Luke Skywalker que es "Luke" o Lucas significa luz, "Skywalker" el que camina en el cielo, sin duda el Sol. La princesa Leia, significa en el antiguo Arameo la luz que da. Han solo, sería Juan Sol. Son todos nombres neopaganos de Astroteología. Volvemos a lo de antes, estas familias han absorbido todo el conocimiento del antiguo druidismo europeo. Porque en Europa había muchas tribus helvéticas, béticas, galaicas, godélicas, galas, lo que se llama hoy en día como celtas, cuyo nombre también es inventado, lo podéis encontrar en Las series Illuminati Volumen 3 Ancestros Illuminati.

No estamos hablando de bandas de rock, los celtas cortos, estamos hablando de cosas serías, como que los Nazis llevaban símbolos druidas, símbolos celtas. La familia Real española lleva símbolos pro-israelitas y los israelitas son cananitas celtas. Por ejemplo Vaal o Bel, a veces era un toro, otras un Búho que le llamaban a veces Molech o Moloch, caníbal de los cananitas porque se comían unos a otros.

¿Qué significa Odesa en Rusia?
Tiene que ver todo con estos nombres. Odesa era un cabal súper secreto de todos los Nazis, donde hay una hipótesis de que Hitler se escapó y fingió su muerte, y pasó por España, primero Barcelona, después Mallorca y finalmente en las Islas Canarias, y terminó volando hasta Argentina. Posiblemente en submarino con el beneplácito de los británicos y americanos obviamente, y el estado franquista; seguramente terminaron en USA como Mengele etc.

Ya tenían establecida entre ellos una red mundial, incluido el gobierno peronista, lo que llamaban Rat line, líneas de ratas. Las cuales utilizaron muchos de los Nazis para escapar como Wernher von Braun que fundó la NASA, véase la similitud entre Nazis y NASA. Incluso muchos de ellos cambiaron sus vestidos Nazis por vestidos de ejecutivos, otros por sotanas de curas y cardenales, llegaron a ser miembros de la corte de San Pedro en Roma.

CAPÍTULO 6 EL DESTRIPADOR MASONICO REAL

¿Quién fue exactamente Jack el Destripador?

No fue de hecho una sola persona, sino que fueron varias, un par de ellas con un cabecilla al frente. La historia comienza en la última parte del verano de 1888 un año clave, que ocurrió durante el reinado de la Reina Victoria que además no fue muy popular en aquellos momentos, la llamada era Victoriana con las típicas calles de Londres iluminadas bajo la tenue luz de lámparas de acetileno y la aparición de un cuerpo mutilado terroríficamente de una mujer en una de dichas calles. En concreto en Whitechapel descrito como la capilla blanca, es el área del este de Londres la parte oriental de Londres y en ese atardecer del viernes 31 de agosto de 1888, el cuerpo de Mary Ann Nichols supuestamente una prostituta común. Su cuerpo se encontró postrado en la carretera de una de esas calles y había sido brutalmente asesinada teniendo una serie de marcas en la cabeza, en su garganta y cortes muy significativos en el torso que incluso se le veían los órganos internos.

(Arriba tebeo de un caricaturizado Lord Randolph Churchill recogiéndole su cochero, cómplice de los asesinatos)

Fue Mary Ann Nichols la primera de las cinco víctimas, del que ahora se conoce como el legendario asesino masónico Josito el destripador o Jack the Ripper como le llamamos en inglés. El tan famoso o notorio Jack the Ripper y sus crímenes estaban bajo la jurisdicción de la policía metropolitana de Londres y en particular por un inspector que incluso se profanó su tumba y hasta el 2001-2005 no se le volvió a hacer honor, él era Frederick George Abberline.

Es importante decir que los diarios de Frederick George Abberline nunca se llevaron a la luz pública hasta hace casi 60 años después de que no se resolvieran estos casos. Desde el 1888 cuando ocurrieron estos trágicos acontecimientos y hasta entrado bien en los 1940-1950 hasta la posguerra, el diario de Frederick Abberline era secreto de sumario.

Sin embargo estuvieron en posesión de un señor que era un artista y pintor llamado Walter Sickert de origen alemán y danés que emigró a Francia después de muchos años viviendo en Inglaterra y además de ser tutor artístico del príncipe Albert Víctor comúnmente llamado Eddie hijo de la reina Victoria. Eddie era el hijo mayor de Albert Edgar el príncipe de Gales que fue después el rey Eduardo VII y de la princesa Alejandra de origen danés y ruso que después fue la reina Alexandra. Era el nieto de la reina Victoria y hermano mayor del futuro rey de Inglaterra que fue el Rey George V, debería a ver sido el primero en la línea sucesoria el príncipe Eddie, pero desafortunadamente y debido a los cientos de años de incesto de las realezas, Eddie adquirió una enfermedad genética, estaba sordo tenía mala audición y también era un poco retrasado mentalmente.

Por eso fue un poco oscurecido por la mayoría de la casa real que tenía bastante sangre fría. La Reina Victoria que era la monarca reinante en ese año era una gran fan y patrona de la francomasonería como eran todos los alfa macho reales de esa época y todavía son hoy en día, de hecho la familia Sajonia Coburg and Gotha que es además la familia de la actualidad británica, como ya hemos explicado apoyaron hace mucho tiempo el surgimiento de Adam Weishaupt fundador de los Illuminati como hijo de la francmasonería Bávara en el siglo XVIII y Weishaupt ciertamente fue educado en la ciudad Bávara de Gotha de ahí la familia que se llama Sajonia Coburgo Gotha de los austrias.

Hay varias logias masónicas en los palacios de la casa real británica como sabemos y la más significante con más importancia es el Royal Alfa Logch que traducido seria como la real logia alfa como el número griego alfa y que se encuentra en Kensington Palace en Londres donde están los jardines, justo ahí está incrustado el Royal Alfa Lodge. En 1885 el príncipe Eddie (arriba página anterior en la foto junto a cuatro damas y Lord Randolph Churchill padre del ex ministro Winston) debido a su retraso y a su timidez y problemas genéticos, en su oído etc. Fue iniciado en esta logia, el príncipe Eddie además de ser parte de esta logia era también un cliente común de un burdel pedófilo homosexual en Cleveland Street aquellos que son conocedores de Londres que han vivido o visitado, Cleveland Street es justo detrás de Belimond street es una calle perpendicular y no muy lejos de Oxford Street el centro de Londres, pues ahí estaba instalado este burdel pseudo homosexual pedófilo.

(Arriba el doctor Gull caricaturizado en un tebeo antiguo el cual muestra el pentágono de localización de los asesinatos de esta banda masónica).

E indiscretamente instigaba una serie de cartas digamos de "amor" muy explicitas que se correspondía con uno de los niños que estaban trabajando allí, hasta hace muy poco los niños trabajaban a partir de los ocho años. A veces los niños tenían empresas muy viles y muy barrió bajeras en la vida de Londres de la época.

El bien notorio y conocido Aleister Crowley, este señor que era esotérico y escribió muchos libros y hacía espiritismo, algunos lo llaman el satánico, tenía dichas cartas en su posesión y las tuvo durante muchos años hasta que murió, pero con el tiempo se perdieron y seguramente fueron destruidas. No solo estas cartas de amor que tenía Eddie y el niño del burdel y con algunas otras chicas porque él no era solo homosexual.

Eddie también estableció relación con una católica y joven de unos dieciséis años y descendiente de irlandeses que tenía el nombre de Annie Elisabeth Crook y de hecho la dejó encinta con un niño y no sólo eso, Eddie en secreto se casó con ella clandestinamente en un servicio de iglesia católica por este efecto se enteraron los monarcas británicos y lo prohibieron porque era el primero en la línea de sucesión, le prohibieron que fuera Rey porque ellos no permiten la unión con católicos y menos aún con una comunera irlandesa, para colmo con un hijo ilegítimo, además la iglesia luterana es representada por la reina que es la cabeza de dicha iglesia. Suena esta historia a la de lady Di con Dodi Al-Fayed que era musulmán, esto era un grave insulto sin duda alguna. En 1883 la madre de Eddie la princesa Alejandra le pidió al joven pintor Walter Sickert que Eddie hiciera algo artístico con su vida para que no fuera a los burdeles y no dejara a ninguna mujer embarazada, que fuera un poco artista o que se dedicara a otros menesteres y matara el tiempo haciendo otras cosas.

El estudio de Walker Sickert estaba en el número 15 de Cleveland Street que como he dicho es muy cerca de Oxford Street, es el centro de Londres. El príncipe digamos que conocía a Walter Sickert a través de su madre y los amigos de Sickert incluían a dramaturgos y tipos bohemios. Sickert también introdujo a Eddie o lo presentó a sus modelos, una de ellas era la chica irlandesa que vivía en el número 6 de la calle Cleveland Street y que por el día trabajaba en una tabacalera y por la noche se dedicaba a la vida de la calle.

Se enamoró Annie Elisabeth de Eddie esto según siempre Walter Sickert y fueron a casarse e hicieron de hecho una ceremonia católica, pero también una luterana y tras ello se quedó embarazada y esto era un problema no solo porque Walter Sickert tenía que encontrar a otra modelo sino que ya tenemos un problema entre la realeza. Walter Sickert le preguntó a Annie si conocía alguna chica para sustituirla tras la boda con Eddie y encontraron a una chica que se llamaba Mary Jean Kelly que era de un refugio de mujeres de Whitechapel.

Conocida por ella durante unos meses de trabajo con Annie Crook en la tienda de tabaco y también se hicieron amigas y en su debido momento alrededor del 18 de abril de 1885 Annie la mujer del príncipe Eddie dio a luz una niña que se llamaría Alice Margaret en Melbond Wethouse donde está tan bien la supuesta casa de Sherlock Holmes esto es una coincidencia. Su nueva amiga Mary Kelly se mudó a la casa de Annie Crook para ser la niñera de la niña, aparte de ello Mary también trabajaba de prostituta por las noches para complementar su salario, naturalmente el príncipe Eddie cabreado con el hecho de que se habían burlado de su mujer y la familia real cabreada con este por haberse casado y tener un hijo ilícito, que amenazaba con una crisis no solo institucional sino de proporciones increíbles para la monarquía e Inglaterra.

Entonces la monarquía se puso en movimiento para digamos encubrir esta operación, entonces la primera secuestrada fue Annie que fue secuestrada de la tienda donde trabajaba al mismo tiempo que Eddie fue confinado en Buckingham Palace. Afortunadamente temiéndose lo peor que Annie había dado a luz a Alice, fue encomendada a Walter Sickert para que fuera cuidada por el artista. Antes de que fuera por la fuerza llevada al hospital de Guy; Guy era un cirujano que después hablaremos de él y que tiene que ver en los crímenes.

Jack the Ripper: The Final Solution

De Wikipedia, la enciclopedia libre

Jack the Ripper: The Final Solution (en español, *Jack el Destripador: la solución final*) es un libro escrito por el británico Stephen Knight y publicado por vez primera en 1976, notable por proponer una solución a cinco homicidios acontecidos en el Londres de la época victoriana, que fueron atribuidos a un asesino en serie no identificado, conocido como Jack el Destripador.

En su intento por resolver el misterio, Knight presentó una complicada teoría conspirativa que implicaba a la familia real británica, la francmasonería y al pintor Walter Sickert.[1][2] En su obra concluyó que las víctimas habían sido asesinadas para encubrir un matrimonio secreto entre el heredero al trono, el príncipe Alberto Victor, duque de Clarence y Avondale y Annie Elizabeth Crook, una muchacha católica de clase obrera.[2][3] Hay muchos hechos que contradicen la teoría de Knight y su fuente principal, Joseph Gorman (también conocido como Joseph Sickert), se retractó más tarde y admitió ante la prensa que todo había sido un engaño.[4] La mayoría de los expertos desestimaron la teoría, calificándola como una fantasía, por lo que las conclusiones del libro están ampliamente desacreditadas.[5][6]

A pesar de la controversia en torno a su veracidad, el libro fue popular y comercialmente exitoso, llegando a publicarse veinte ediciones del mismo.[7] Fue la base para la película *Murder by Decree* y la novela gráfica *From Hell*,[8][9] así como el eje de otras dramatizaciones; también ha influenciado a varios escritores de novelas policíacas, tales como Patricia Cornwell y Anne Perry.[6][10]

Sir William Gull era el cirujano que también estaba en este hospital y practicaba lobotomías, Annie permaneció durante cinco meses al cuidado del hospital de Guy y de Sir William Gull que era el médico personal de la reina y como he dicho estaba acostumbrado a hacer lobotomías y practicó una lobotomía parcial a Annie con lo cual la transformo a un ser dócil, obediente y sin ningún tipo de oposición. Gull certificó que estaba loca y fue confinada para el resto de su vida en una institución y pasó sus últimos días en Hospital de San

George que está en Chelsea y allí murió en la oscuridad en 1920 a la edad de 60 años.

Las "Teorías Reales"

Siendo la vida de Jack el destripador, un misterio difícil de develar, muchos investigadores, amantes de la conspiración, han propuesto teorías que incluso involucran los círculos más cercanos de la realeza británica. Uno de los más conocidos es una que involucra al propio príncipe Albert Victor, duque de Clarence, hijo mayor del príncipe de Gales, y a una comunidad masónica.

La primera de ellas indica que el príncipe había embarazado a una prostituta, y preocupado por el escándalo que podía sobrevenir decidió, en complicidad con un grupo masónico, de poner fin a su vida. Muchos indican que el encargado de llevar a cargo esta misión fue el médico inglés y psicoterapeuta de la Reina Victoria, Sir William Gull, esto debido al conocimiento del manejo del escalpelo y de otras herramientas quirúrgicas.

Mary Kelly hizo una extorsión a la familia real y si no llega a ser por esta, que quería dinero, esto se habría terminado en agua de borrajas. Pero Mary Kelly quería dinero porque ella no quería trabajar en absoluto en la tabacalera y tampoco quería trabajar por la noche prostituyéndose. De vuelta en Whitechapel Mary se hizo amiga de otras tres prostitutas locales las cuales comenzaron a chulear de sus conexiones reales con la realeza y en la primavera de 1888 este cuarteto, las tres prostitutas y Mary Kelly querían llevar a cabo un plan de chantaje a Walter Sickert amenazando con que iban a hacer esta historia pública, pero Mary Kelly no comprendía el hecho de que no sólo estaba extorsionando a Walter Sickert sino que estaba extorsionando a la familia real británica y al estado de alguna manera por la cual estaba amenazando a la masonería, a asesinos psicópatas de esta Royal Alfa Lodge que no pararían en matar a cualquiera si fueran amenazados con alto poder mayor.

Disfrutando de la protección de la familia real obviamente, Sickert al verse extorsionado pasó palabra a Eddie y este que era retrasado mental se lo informó a su padre, el príncipe de Gales que discutió esta amenaza en gran secreto y se lo confió a sus amigos masones del Royal Alfa Lodge de Kensington. Entonces hubo una reunión especial que fue comandada por varias figuras de esta masonería, esta logia con miembros de la familia real que se llamaban los príncipes de sangre real y entonces acordaron entre todos en formar una partida de caza para literalmente ir en busca y captura de estas chicas y darles su merecido.

Y de paso, como ellos tienen ciertos rituales en esta logia, ofrecerlo como sacrificio masónico ritual. Todo muy completo. Esta partida de caza fue dividida en la logia Alfa masónica que incluía a Sir William Gull, al tutor del príncipe Eddie, J.K Stephen y Sir Charles Warren que era el comisario de la policía metropolitana que era también masón, pero que no tomó partida en las matanzas. Pero sí ayudó a facilitar la trama y a expeditar este encubrimiento. Para ayudarlos en esta partida de caza reclutó a un cochero, los cuales estos tres personajes ya habían traicionado al príncipe Eddie con sus indiscreciones, el cochero se llamaba John Netley.

El comisario Charles Warren dio información sobre donde se alojaban estas chicas usando su posición privilegiada en la policía y Sir William Gull preparó unas uvas en las que inyectó opio que como sabéis es un tranquilizante que hace dócil a la gente y en ciertas dosis puede poner a la gente a dormir, Sir William Gull se las ofrecía a las víctimas para subyugarlas y podrían participar en esta trama sin ninguna oposición, ni gritos etc.

El cochero en particular que era un personaje bastante asqueroso, era el que conducía el carromato y ayudaría a someter a estas chicas junto al cirujano y alguien más que estaría vigilando, en concreto sería J.K Stephen que era un primo de Virginia Woolf la famosa escritora que tenía lazos francomasónicos. Entonces los asesinatos fueron planeados para que acontecieran en el carruaje de Sir William Gull y nadie pudiera verlos, esto explica muchas cuestiones de los misterios de Jack el destripador.

Debo comentar aquí que los diarios de Frederick Abberline el inspector, que si ves la película original una con Michael Caine y otra con Johnny Deep donde hacen el papel de Abberline, confirma que el modus operandi de los asesinatos fueron planeados y llevados a cabo por más de una persona según el ritual masónico, eso lo digo y lo decía Abberline y es muy similar a una caza de zorros que en esa época la llevaban a cabo los miembros de la realeza y estos son los hechos que nunca han salido a la luz.

¿Pero quién era el líder?

Había un líder en esta banda que llevaba la voz cantante y que reportaba a la familia real y no era otro que un prominente francomasón secretario del estado para la India, líder de la casa de los comunes y el canciller de hacienda y ese era Lord Randolph Spencer Churchill padre del que luego fuera primer ministro Wiston Churchill y familiar de una de las ramas de los Spencer-Churchill. Lord Randolph Spencer Churchill no solo era el cerebro detrás de la operación sino que personalmente fue el responsable de hacer los cortes y las degollaciones masónicas, emblemas masónicos en los cuerpos de las chicas.

Mientras que William Gull que era un cirujano muy habilidoso se encargó de remover y sacar los órganos para que pareciera un carnicero. Los asesinos fueron primero a ver quiénes eran estas extorsionistas con la ayuda del comisario de la policía y sistemáticamente planearon ejecución por ejecución. Estos asesinatos ritualísticos empezaron el 1 de agosto de 1888 con Mary Ann Nichols como su primera víctima y continuaron con el asesinato de Annie Chapman ocho días después el 8 de septiembre, para cada mujer fue planeado el momento idóneo, lugar y método de asesinato, sin escatimar a la hora de mostrar realmente el mensaje que querían transmitir. Una vez pasaron a la acción fueron atraídas al carromato habilitado para el plan y allí fueron asesinadas y mutiladas a la forma ritualística masónica.

Esta forma ritualística se llama los tres Juwes y esto no tiene nada que ver con judíos por eso la policía al principio creía que eran judíos polacos. Los tres Juwes tiene que ver con Juvela, Juvelo y Juvelun, no tiene nada que ver con tres judíos sino con tres personajes, que son los tres asesinos de Hiram Abif y aquellos que están relacionados con la masonería saben que Hiran Abif es el fundador de lo que es Fenicia y el arquitecto de Salomón que fue asesinado por estos tres y obviamente ejecutado como la leyenda antigua masónica.

Las gargantas de las chicas fueron cortadas de un lado a otro como la leyenda masónica de Hiram Abif y sus cuerpos fueron degollados con sus entrañas por fuera hacia el hombro izquierdo que es como aparece caracterizado Hiram Abif en su sacrificio. Entonces cuando dicen tres Juwes están diciendo los tres nombres en clave de estos tres personajes que dice la leyenda masónica.

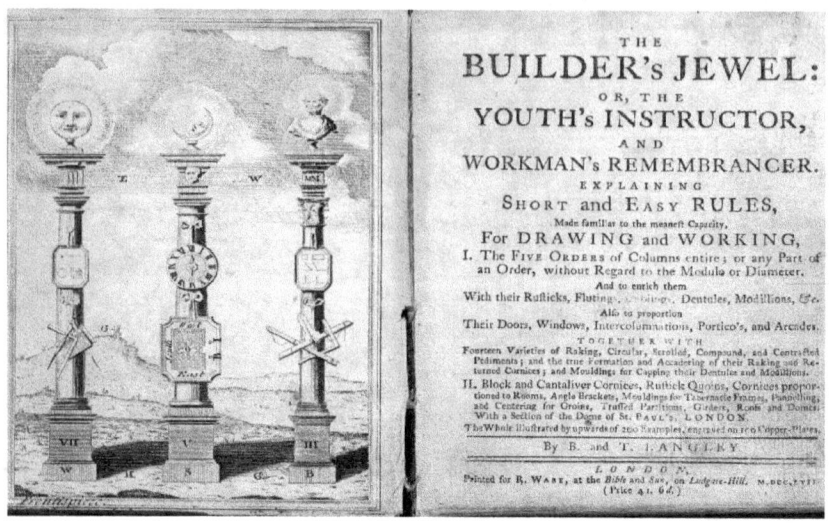

(Las 3 jewes masónicas, arriba, en representación 3 columnas o pilares sacados del libro el instructor de la juventud masónica)

El 30 de septiembre hay otros dos asesinatos, pero esa noche las cosas no iban como se esperaba, cuando están los asesinos tirando el cuerpo de la primera víctima de las dos que asesinan esa noche, en concreto el cuerpo de Lizzy Stride en Brener Street, pero fueron interrumpidos y tuvieron que tirar el cuerpo antes de terminar la mutilación ritualística incluso más alarmante fue la segunda víctima de la tarde Catherine Eddowes según Walter Sickert la mataron por error no era una de las cuatro chicas, entonces la mataron por error porque se parecía a una de ellas y se supo que la pobre Catherine había vivido con un hombre que se llamaba John Kelly y normalmente usaba el nombre de Kelly entonces pensaban que era la otra víctima, e identificaron mal pensando que ella era Mary Kelly.

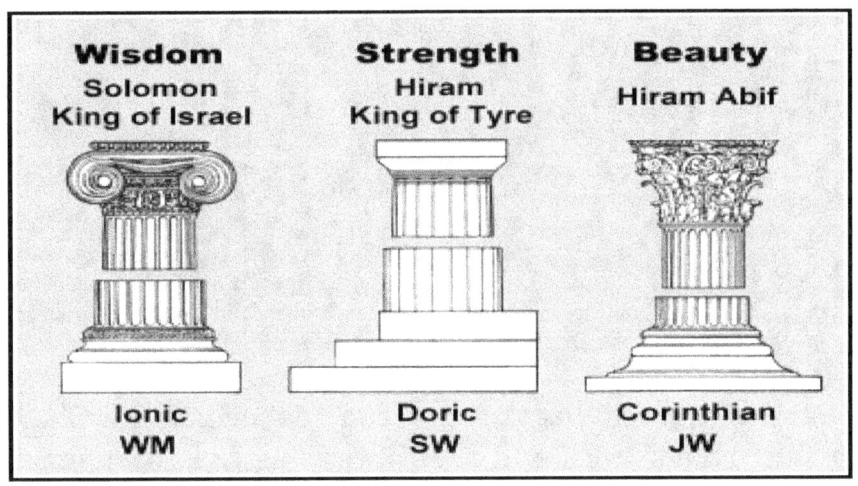

Ese error llevó a la sospecha del grupo y muchos pensaron que esto era un movimiento climático digamos de su campaña y que el grupo había de una manera arreglado el cuerpo de Catherine que estaba completamente mutilado y se manifestaba una mejor presentación ritualísticamente hablando, finamente mutilado, esto apareció en Mitre Square que está justo en frente del templo masónico cerca de Whitechapel, y justo al lado de ese templo los asesinos habían escrito con tiza un mensaje masónico que le llevó a Abberline a pensar que esto era una cuestión masónica y en dicho letrero se podía leer "Los Juwes", pero no son los hombres que deben ser culpados por esto, hay que entender que esto le llevó a sospechar de los judíos a algunos policías, pero no deben ser culpados por esto. Por entonces la policía no entendía este significado masónico, pero gente como Abberline estaban puestos al día de estas hazañas masónicas, de hecho un policía copió esto en un libro de notas.

Sin embargo, al llegar a la escena del crimen Sir Charles Warren como hemos dicho antes, estaba pasivamente involucrado en estos asesinatos y sabia donde se alojaban estas chicas y de esta forma fue clave para establecer un modus operandi, pero no fue una pieza activa, siempre llegaba después de lo acontecido y se sorprendió al ver el mensaje en la pared y claro está, mandó inmediatamente que se quitara, se limpiara y se borrara y la razón que dio para justificarlo fue que no quería que ningún Londinense empezara a creer que los judíos hubiesen cometido este acto y hubiera sentimientos antisemitas hacia ellos.

A esto, Abberline sugiere en sus diarios que había muchos hombres de paja dentro de la fuerza que reconocería este mensaje y sabrían que no se refería a los judíos sino a los Juwes de la leyenda masónica y por tanto identificarían a los asesinos rápidamente del Royal Alfa Loch y después de esta contrariedad hubo una pausa como de un mes y fue el intervalo más grande entre los brutales asesinatos, mientras que el grupo redobló sus esfuerzos en encontrar a la que faltaba que era Mary Kelly.

Mientras tanto los rumores de las relaciones del asesino con la francomasonería y la familia real empezaron a crecer en Londres y no fue hasta el nueve de noviembre que Mary Kelly fue finalmente acorralada.

Usar de nuevo un coche era ahora muy peligroso porque ya lo habían visto, no solo Abberline sino el cuerpo de la policía metropolitana de Londres. Entonces consiguieron llevarla hasta los habitáculos de Dorset Street y así como mutilaron a la otra chica, que mataron por error, a esta la mutilaron aún más realizando los mismos rituales, le degollaron la garganta, el cuerpo se lo cortaron en pedazos, los intestinos fuera, y limpiaron los órganos con las paredes, una escena de increíble la brutalidad.

Incluso existe un dibujo de la última persona que fue vista con Mary Kelly mientras estaba viva y es muy parecido por no decir igual a Lord Randolph Spencer Churchill y digamos que esta prueba nunca la siguieron porque claro aunque lo reconocieron que era él, decían como va a ser el, será alguien parecido a nuestro ministro de hacienda porque claro Sir Charles Warren el jefe de la policía prohibió que se hiciera ninguna interrogación a Lord Spencer.

J.K Steven y según los diarios de Abberline, fue a la policía e hizo una confesión completa y se entregó ahí mismo porque tenía remordimientos de conciencia, pero obviamente Sir Charles Warren lo dejó en libertad y lo convenció de que no pasaba nada. Abberline después de esto dimitió de su posición y se retiró, de hecho se casó dos veces y dimitió como resultado de la acción altamente repugnante de la policía y de todo este paripé.

De hecho hay todavía ficheros de esto en Scotland Yard que han sido sellados y que aun no los han abierto. Cuando Eddie descubrió que su mujer había sido lobotomizada y confinada a un departamento del Guy Hospital y que las otras chicas habían sido asesinadas tuvo un ataque de ansiedad y casi mata a su madre, padre y abuela juntas. Walter Sickert se marchó del país cuando escuchó las noticias de Annie Crook cuando fue secuestrada para llevársela al hospital y se mudó directamente antes de que todo esto ardiera y se fue a Diepe Francia

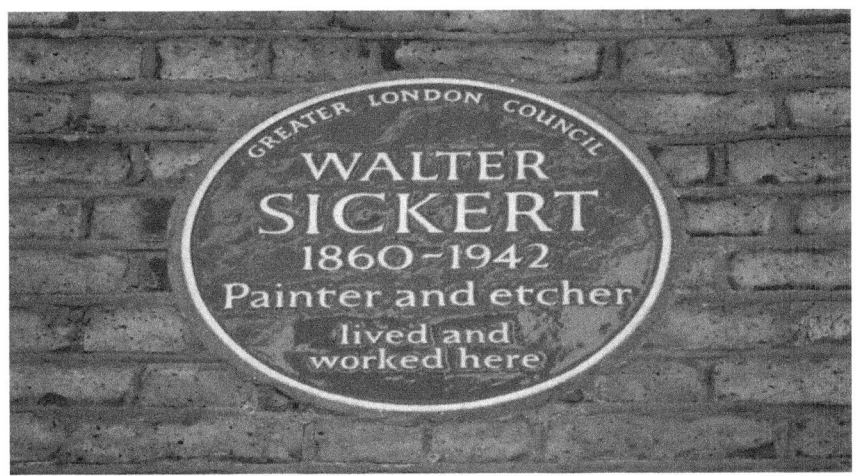

y se llevó consigo a Alice la niña de Annie Crook y del príncipe Eddie. Cuando Alice creció, ella y Walter Sickert se hicieron amantes y tuvieron un hijo de esta relación que se llamó Joseph Sickert. Que fue el que mantuvo los diarios del inspector Abberline y no los publico hasta 50 años más tarde que los heredó de su padre y por eso salieron posteriormente a 1950.

Mientras tanto el príncipe Eddie y su salud mental completamente ya quebrada lo llevaron a un hospital donde va la realeza en Escocia y la familia real mintió descaradamente a toda Inglaterra y anuncio que Eddie había muerto después de un ataque de epilepsia a los 28 años justo el 14 de enero de 1892 en aquella época no había televisión ni radio solo algunos periódicos controlados por esta gente evidentemente y dijeron que había muerto de gripe, pero obviamente Eddie estaba vivo en Escocia en el castillo de Balmoral una terrible crisis mental y seguía pintando cuadros porque aprendió bastante bien y tenía mucho tiempo al estar recluso.

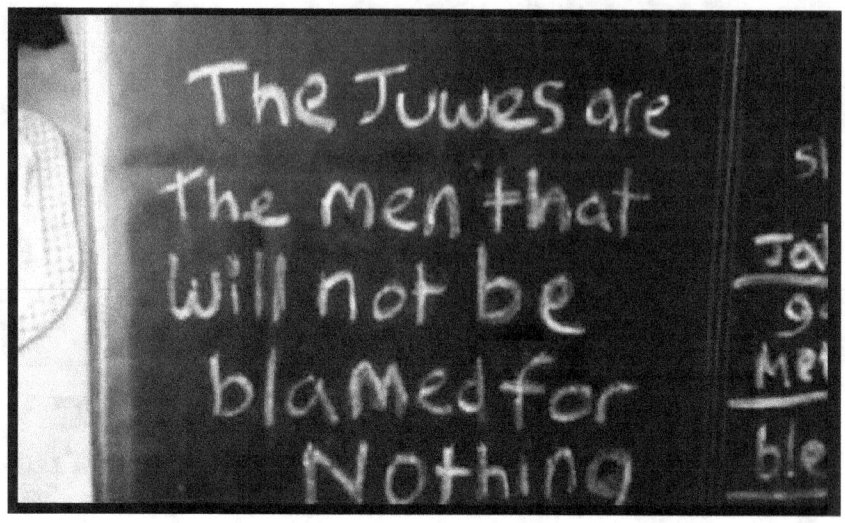

Balmoral está como a 300 metros del nivel del mar y está rodeado por acantilados. Esto en principio iba a ser el sitio planeado para que el asesino de Eddie fuera recluido allí, pero Eddie al darle un ataque de ansiedad y querer matar a todo el mundo de la familia real y querer decir todo lo que había hecho la familia real lo internaron allí y por supuesto no confinaron como tenían pensado a Randolph Churchill y John Netley.

El príncipe de hecho tuvo un intento de asesinato, lo empujaron por un acantilado pero de una forma u otra el tío sobrevivió a la caída y tuvo solamente una parálisis parcial. Y después de algunas semanas se recobró con algunas secuelas, la mejor solución que tuvieron fue encarcelarlo allí porque ya estaba muy mal y tampoco iba a cantar, cuidado por sirvientes lo dejaron allí en Balmoral.

(Arriba fotos inéditas filtradas de un Eddie de Clarence ya mayor, por lo que no murió oficialmente cuando se dijo).

Eddie murió por tanto no oficialmente como dice la familia real murió después en 1973 cuarenta y un años después de su muerte oficial, y durante este tiempo incluso su madre la princesa Alexandra lo llegó a visitar un par de veces y de hecho tomo una fotografía de Eddie que aparentemente mandó a su primo, el primo de la princesa Alexandra. Esa fotografía todavía existe y muestra a un príncipe Eddie mucho más maduro y pintando un cuadro, que nunca ha sido visto más allá de las paredes de Balmoral.

Hubo un pacto entre la familia real y Stracmor que fue comprometido en 1923 cuando Lady Elisabeth Bowes-Lyon se casó con el futuro sexto rey de Inglaterra después de haber sido destronado por su hermano el rey Eduardo VIII que se sabe de su abdicación.

En 1936 George ascendió al trono por la abdicación de su hermano. Elisabeth la reina llegó a ser su reina consorte y fue más comúnmente conocida como la reina madre y madre de la actual reina de Inglaterra Elisabeth II. De hecho la reina Elisabeth fue a su tumba en 2002 sin nunca revelar este secreto y este pacto. La princesa Diana era miembro de la dinastía Spencer una familia que ha prorrogado servicio a la reina durante muchas generaciones y como he dicho comparte una tendencia común con Winston Churchill y Randolph Spencer Churchill.

Randolph Spencer y Churchill se sabe que eran los dos unos practicantes de lo oculto y lo esotérico. De hecho Randolph Churchill el padre de Wiston Churchill fue el que cuidó después de que el cirujano sacara los órganos, el que se encargaba de restregarlos por la habitación y ponerlos después en el hombro izquierdo acorde con el ritual masónico. Así que esta es la verdadera historia de Jack el destripador justo de la boca del diablo y bueno se sabe ahora el legado de los Spencer y de cómo va el entramado de las casas reales como hemos explicado hasta la fecha, y los monarcas asesinos que llevan asesinando durante cientos de años. Hasta que el último crimen brutal fue en 1997 con el asesinato en Paris en el puente de las almas de Lady Di. Sin duda alguna es una historia que nos supera, porque ya pertenece a los anales de la historia con consecuencias, mentiras y verdades ocultas.

CAPÍTULO 7 OTRAS DIMENSIONES

¿Y esos rituales? ¿Tenían alguna otra explicación?

Los rituales, estos son de alguna manera debido a que cada logia masónica tiene que dar un sacrificio a su guía espiritual y en este caso este Royal Alfa Lodge como guías espirituales tenían a estos tres Juwes que mataron a Hiram Abif por eso mataron tan cruelmente replicando este sacrificio híper antiguo y traspasándolo a estos crímenes, no sé si entendí la pregunta y tu ibas por ahí.

-Sí, bueno nos dices que simplemente replicaban la escena del arquitecto de Salomón para hacer honor a ese ritual pero para engrandecer un poco el ego de sus maestros. Claro, porque después ellos para pedir información a entidades de otras dimensiones y esto no es una historia fantasma es una historia científica esto es ciencia pura y dura, sabemos que por la ciencia moderna, los espíritus están en una habitación ahora en un plano psíquico pero tú estás en un plano de existencia físico que tiene una cierta vibración de tu universo conocido pero hay otros universos que por tu plano de existencia no puedes acceder porque no estás a la misma vibración;

Por lo que estoy apuntando es a un tipo de física cuántica y diferentes dimensiones. Entonces hay miles de universos en tu habitación en la que estás sentado al igual que yo. De esas dimensiones hay entidades que me pueden ver pero que yo probablemente no puedo ver, estoy hablando de dimensiones diferentes en el espacio tiempo y física cuántica.

¿Cómo se accede a eso?

Lo que más comúnmente denominamos como magia, magia blanca, magia negra llámala como quieras a veces por telepatía, esta telepatía esta magia, rituales, tú puedes alcanzar estas vibraciones. En las religiones, en los conocimientos esotéricos le llaman vibraciones inferiores o superiores, depende de la vibración que tú emitas se puede acercar un espíritu u otro. Por ejemplo toda tu familia y sus espíritus estarán ahora en contacto contigo, pero porque tienen una vibración que es diferente a la tuya pero pueden acercarse a ti, tú no porque estás en una vibración inferior de solo tres dimensiones, pero hay muchas dimensiones.

Para llegar a estas no estoy diciendo que nos pongamos a matar gente, depende con diferentes sentimientos y vibraciones llegas a depender que dimensión y como hay ciertas entidades en ciertas dimensiones que pueden ver o sentir o percibir el espacio tiempo en diferentes maneras pueden también predecir o ver el pasado, presente y futuro. Si tú quieres esa información del futuro o pasado y la quieres borrar pues tienes que darle algo.

¿Puede tener algo que ver Iron Maiden, su personaje que tienen su mascota Eddie y todos sabemos que se flirtea dentro del heavy metal aunque evidentemente no son satánicos, pero tiene su famoso The number of the beast, algunas veces suele ser algo de sarcasmo o ironía, por el hecho de que se les tacha de satánicos, pero puede ser también otra ironía que llamen a su mascota Eddie?

Puede ser tiene que ver todo, yo no puedo decir ni sí ni no tienes que preguntárselo a ellos.

LA SVASTICA Y EL SIGNIFICADO DE SU GIRO

a la izquierda
levógira

a la derecha
dextrógira

emblema del nazismo alemán

emblema ancestral de los
pueblos autóctonos de
AMERINDIA

Porque los símbolos se pueden usar, como usa todo el mundo los símbolos de una manera buena o mala. Un símbolo como he explicado otras veces aquí no es malo inherentemente nada es malo o nada es bueno eso depende de cómo lo uses, si yo me tatúo una esvástica gigante en el pecho y me voy a la playa con una esvástica nazi me parece que voy a durar poco tiempo. Ahora si yo me pinto en mi cuerpo morenito y resplandeciente un sol o un delfín. O una esvástica pero no una esvástica nazi, sino una hindú con buda y algo así, la gente la ve de diferente manera que una esvástica nazi.

Todo depende de cómo se usen los símbolos de una manera positiva o negativa, es como la cruz celta que es teutónica y la usan muchos movimientos neonazis, pero la cruz celta puedes ir a cualquier iglesia de Irlanda y la ves en todos sitios, es una cuestión pagana solar no tiene nada que ver con Cristo porque tiene los dos solsticios.

Entonces si la ves en una iglesia irlandesa o americana pues no hay problema, ahora si la ves tatuada en un pecho o las ves como emblema de un grupo neonazi pues le empiezas a tener miedo.

¿Y toda esta gente que pertenecen a la masonería siguen adorando aquellos actos relacionados con Jack the Ripper?

Yo no tengo asociación directa con francomasones que alaben esta brutalidad, si esto ha sido un secreto de sumario por muchísimos años quiere decir que alguien orgulloso de esto está, y apunta más a los reales que a los que van a la logia masónica a beberse una birra, que no saben de esto, porque esto te lo estoy diciendo yo, pero mucha gente cree que Jack the Ripper es un inmigrante polaco o judío, o es un pobre diablo o es Walter Sickert. Incluso Walter Sickert puede que fuera uno de los participantes en esto, pero seguro que fueron estos cuatro.

Aunque tampoco sería raro que también estuviese involucrado el, ya que tenia los diarios y podía modificarlos a su antojo, pero que alguien esté orgulloso de asesinatos no creo, aunque puede que los que están en el poder sí, porque esos no se paran a pensar en hacer lo que sea. Ya para terminar sobre Jack el destripador,

¿Queda por saber algo más de esto o alguna parte de la información que desvele todo esto que nos cuentas y al final quede claro? ¿O crees que no ocurrirá nunca?

Si bueno ya se han hecho películas y libros, lo principal es que cada uno busque los caracteres de este juego, como la princesa Alexandra, el príncipe de Gales, Eddie, que busca a la reina Victoria, que busque Frederick Abberline, Walter Sickert, Charles Warren etc.

Stephen Knight escribió un libro sobre eso, hay muchas cosas ahí fuera en bibliotecas o librerías que se pueden ver, comprar o buscar pero que centren su atención a que busquen un grupo de personas que son los encargados de estos asesinatos, no una sola persona, igual que cuando mataron a Kennedy no es una sola persona, sino que facilita alguien, ya no es solo uno, y si una bala va por un lado y otra por otro ya es más de uno.

Siempre va a ser en estos planes de asesinatos un grupo de personas porque hay que facilitar muchas cosas, es un cúmulo de cosas que no puede haber coincidencia, igual que no hay coincidencias en las decisiones de estado o religiosas, siempre pasa porque un grupo de personas se sientan igual que cuando eres pequeño pues tu madre y tu padre se sentaban para intentar arreglar algo. Siempre hay que sentarse en grupo para decidirlas y planearlas y ver el modus operandi y esas cosas.

CAPÍTULO 8 AL SERVICIO DE SU MAJESTAD SATANICA

Ahora nos vamos a la Inglaterra del siglo XVI donde la realeza británica, la famosa dinastía Tudor (el nombre Tudor viene de tutor porque los atlantes se creían tutores), también tenemos a los Stuart, que también era otra dinastía, entre ellos luchaban para ver quien regía el mundo. Los Tudor nunca pararon de investigar y promover estas investigaciones para un nuevo concepto. La nueva orientación para este proyecto fue contratar a un primo cercano que se llamaba John Dee, astrólogo y médico de la corte, espía y embajador de la reina Isabel de Tudor, The Queen Virgin. John Dee además era 007 cuando hacía de embajador de la reina a otros reinos el mandaba sus informes y firmaba como 007 MI5 o MI6, que significa Majesty y el siglo 15, años después un espía llamado Ian Fleming escribiría sobre esto.

Ya vimos que significa Elizabeth, Isis y beth de Bel, de Saturno. Se la conocía como la reina virgen porque su signo zodiacal era virgo, y porque el término apunta a un enlace de sangre, un enlace con los maestros serpientes, es decir de reptilianos. También significa "la amada por los dioses" Suponemos que a estas alturas de conocimientos veréis la casualidad en la importancia del nombre Isabel en las distintas casas reales, tanto de España como de Inglaterra. John Dee se encontraba con cabalistas y controlaba la inteligencia británica de esa época, con códigos, de ida y vuelta a la corte, firmaba con un sigil: era un espía del servicio secreto de su Majestad.

El servicio de inteligencia viene de este tiempo, como muchos otros hábitos que se toman hoy en día en Inglaterra. D.W. Cooper y Lawrence Gerald tenían un libro en su biblioteca en Morth lake que contenía miles de libros de grimorios y manuscritos escritos a manos que estaban dedicados a la filosofía, ciencia y esotérica. Uno de ellos fue el manuscrito Voynich, que era de John Dee. Aunque no lo escribiera él, pudo ser Roger Bacon, el antiguo matemático empirista franciscano.

SIMBOLOGÍA SATÁNICA SODOMITA
DEL GLIFO DE JOHN DEE 007

CUERNOS BAPHOMET

Monas
Hieroglyphica

Este libro está escrito a través del contacto con entidades espirituales y de recoger información sobre curas, alimentos, plantas y distintas clases de encantamientos. Las páginas del libro están enumeradas en árabe por John Dee. Véase la película 'La novena puerta de Johnny Deep', que cuenta un poco de que va este libro. En comparación, la Universidad de Cambridge solo tenía unos 400 libros mientras que John Dee tenía miles. A John Dee, en círculos oscuros se le llamaba el macroscopio, que puede contactar con entidades de otras dimensiones, entidades de planetas etc. John Dee fue uno de los ocultitas satánicos contactados junto con otros como Edward Kelley, Sir Francis Bacon o Sir Francis Drake (el pirata) y se pusieron manos a la obra abriendo portales y conversando con lo que ellos pensaban que eran ángeles. Sus 90 homónimos fraternales en Europa, bajo la instrucción de John Dee, hacían rituales similares:

No te extrañes sobre libros y pinturas como la del Bosco o Bosch, que es el resultado de un contacto de ángeles del inframundo. Su obsesión era tal por contactar con espíritus y ángeles, que tambíen lo hacían con entidades de otros planetas, extraterrestres o preferiblemente con seres pandimensionales, una dimensión más allá de otras dimensiones en las que estas entidades son híper gigantes. Se les llaman en el argot gnóstico de los esenios los 'Arkons' o 'Arcones', nos ven como microbios, como células insignificantes. Si eres un ser de dos dimensiones a ti no te pueden ver porque tú estás en tres dimensiones, imagínate un ser de 4 o 5, o más dimensiones. A ellos no los puedes ver.

Series como 'Doctor Who' te están diciendo como contactar con estas entidades en muchos de los episodios. Como por ejemplo en El planeta de las arañas, La máscara de las mandrágoras, Las danzas de las serpientes, Los silurianos, La máscara de la maldad, El estado de putrefacción, El regreso de mara, Pirámides de Marte y un largo etcétera, de esta gran serie. Muchos de estos hechiceros están involucrados en llamar a estas entidades pandimensionales, que en tiempos de antaño confundían con demonios y ángeles. Incluso los intentos más valientes de escritores y directores de cine, les causa un impacto el poder discernir semejantes anécdotas de magia y de casos ovnis en el renacimiento y otras épocas. Muchos de los reyes tenían laboratorios en su diván. La hechicería y la ciencia no son dos cosas desconectadas como se piensa. Personalidades como John Dee era doctor y a la vez practicaba brujería, podía practicar cirugía y brujería. Isaac Newton era alquimista a la vez que científico y no es casualidad que casi todos los científicos eran maestros ocultistas. El que postuló la ley gravitacional universal, era hechicero a la vez de científico.

Casi todos los científicos de la era pre-industrial eran maestros ocultistas, desde Gauss, Curie etc... Cuando uno mira las personalidades y estos caracteres de esta gente, de la edad Isabelina, precisamente la Isabel que luchaba contra España, contra la Armada Invencible; un cuadro interesante se empieza a formar. Hay muchos investigadores de la magia y se ve como a menudo estos sigils se parecen a símbolos cósmicos y planetarios. En la armada, en casi todos los aviones hay estrellas y símbolos zodiacales, hay cruces y no tienen nada que ver con el cristianismo. Tiene que ver con símbolos cósmicos y zodiacales o planetarios, y por eso están incrustados más de 25 símbolos zodiacales en la ciudad de Washington, o más de 14 en la ciudad de Londres, desde su Parlamento hasta Chelsea.

La razón de todo esto siempre ha sido ocultada, la magia en la edad media y la necromancia era para el mismo propósito que la tecnomancia de la Edad Moderna. Al contactar con estas entidades, los hechiceros tenían información de cómo funcionaban las leyes del universo. Los practicantes de esta magia son todos de un mismo clan y tienen la misma agenda. Cuando los hechiceros se protegen con un círculo en el suelo y con Sigils e invocan nombres de arcángeles, nos tenemos que dar cuenta de que esto tiene que ver con el fenómeno físico y así podemos ver donde yace el origen de estas ciencias ocultas.

El porqué de su profusión en las edades oscuras y la edad Isabelina, y como está enfrentada la iglesia con estas artes y la inteligencia (secretos) de las casas reales. La magia enochiana llamada así por el profeta del antiguo testamento Enoch, pero este nombre va más allá; en la Antigüedad llega al sumerio Enki, que es uno de los nombres originales de los Anunnaki, es significante que John Dee escogiera este nombre para su magia.

John Dee que fue nombrado Sir tuvo éxito en su empresa, logró abrir un portal y entablar diálogo con las almas y espíritus de otra dimensión, aunque no fue la primera vez que se realizaba y no será la última. Pero cada vez que se abre un portal hay graves consecuencias en el espacio y tiempo de este mundo y alteran al personaje y al universo normalmente para peor.

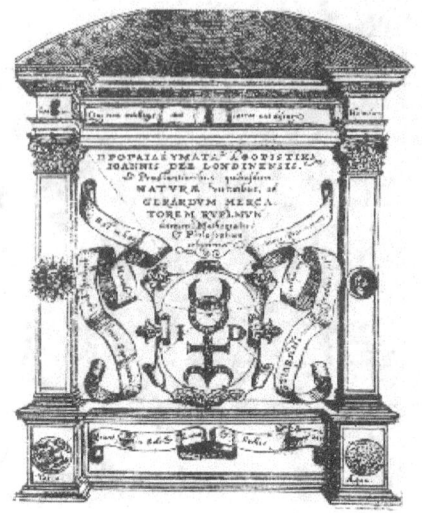

En el epílogo de 'Time to change the ride goes on', en la mitad del libro expresa que al final de la era Isabelina o poco después, la apertura de otro portal interdimensional era imperativo para la Corte Real. Por ese tiempo esta tarea fue llevada a cabo por los miembros de la hermandad blanca, los descendientes de los hijos de la serpiente, descendientes que son los menos malos o para aquellos más curtidos en la materia los lemurianos intentaron equilibrar el logro maquiavélico de los maestros serpiente, pedir guía y liderazgo para contrarrestar la influencia de su enemigo. Aquí tenemos una dualidad, los atlantes y lemurianos: los primeros que mezclan ADN de distintas especies, híbridos de los seres autóctonos de la tierra, y los Lemurianos que evolucionan y conservan aspecto humano y la espiritualidad humana con forma de mujer, ellos son las primeras hijas, con un ADN parecido a los atlantes, pero con la espiritualidad humana.

Tienes un ser superior al hombre en capacidad espiritual y en inteligencia. Ellas intentan equilibrar la balanza. Sir

John Dee mantuvo contacto con estas entidades para intentar aprender parte de su tecnología para lo que los Nefilim pudieran escapar de este planeta, de estos descendientes de los Tudor. Averiguó que estas entidades tenían respuestas a sus preguntas. C.S. Lewis y J.R.R Tolkien conocían a estos alienígenas y sabían que tenían el control de la tierra postdiluviana, y que ellos habían replicado una raza de dragones o reptiles, y sabían que estaban en acuerdo con estas entidades pandimensionales desde los experimentos isabelinos.

Este último, C.S Lewis los llamó los macrobios. La humanidad da por sentado que el mundo de los microbios no es visible, pero en niveles superiores existen los macrobios. No son vistos con ojos normales, pero si conocen la existencia de estos seres o entidades. La palabra Enochiano significa, ojo interno, inocuo viene de esto. Ajenaton, Akenaton, aje, ake, también significa ojo. C.S. Lewis daba a entender que nadie puede entender la peculiar historia del planeta tierra sin conocer a estas entidades. John Dee descubrió que estos seres no les gusta ser contactados, tú no puedes dirigirte a la Reina, a no ser que te pregunten a ti.

La gente común siempre pensaba que si tocabas a la Reina o la miras, te curas de alguna enfermedad. O directamente que tenían poderes: cualquier inglés de unos 50 años o más, pretendía esto, porque de esa forma pensaban que su vida iba a ser mejor, iban a tener suerte etc. La mente de John Dee casi se derritió, sufrió espasmos, colapso mental al contactar con estos seres, el conocimiento que estos arcones oscuros comunicaron a través de su conciencia.

Utilizaba una piedra triangular de obsidiana que le trajeron del Caribe los piratas, que era maya, a través de este espejo hacía de médium para poder conectar. La comunicación era tan vasta, compleja, que se dieron cuenta John Dee y sus secuaces que con toda esa información llevaría siglos para físicamente lograr lo que estas entidades le habían descargado en su mente y después guardar en libros. Tenían que decidir si abandonar esta tarea o llevarla a cabo.

Dr John Dee's Black Stone with case
(Aztec - 15th-16th century)

Necesitaría transformar la materia en energía y viceversa, y esa tecnología no existía. Las élites de los tudor con aseveraciones del propio John Dee eligieron seguir con su tarea y para ello pusieron a su disposición las mentes más brillantes, hubo muchas personas, científicos, astrólogos etc. Asignaron esta tarea a intelectuales y alquimistas, necromantes, videntes, para traducir todas estas instrucciones, sociedades enteras se establecieron para dicho propósito, de ahí el origen de las Universidades. Las herramientas esenciales fueron John Dee y Edward Kelly. Que mejor idea que tener esta ciudad universal para hacer esto, universidades, que incluso despistarían al no estar en la propia corte. Estos alumnos como Tomaso de Campanella, Casanova, Nostradamus, Cornelius Agripa, Maquiavelo y un largo etcétera estaban empleados por los venusianos negros, los miembros de la plutocracia como los Medici. Estos adeptos estaban versados en la magia, ciencia y podían mantener contacto vía resonancia telepática.

SECRET SOCIETIES AT YALE COLLEGE.—[FROM A DRAWING BY MISS ALICE DONLEVY.]

El libro 'La última frontera' dice: "Su cooperación cercana y global ha sido mantenida gracias a intercomunicaciones instantáneas vía telepática que se le enseñan desde que son pequeños." Estas universidades invisibles como la de Yale, donde tienes los Skull and Bones (322) y el libro Voynich, tienen cierta notoriedad entre las élites. Siempre estos personajes filtran información a veces errónea e intentan ocultar tecnología de descubrimientos que podían ayudar a la humanidad, pero que se guardan en el cajón. Ellos, la élite, tienen algunos accidentes ocasionales con la ley, pero no les causa problema alguno. No como otros como por ejemplo Edgar Allan Poe que murió en extrañas circunstancias, también como el accidente de Lady Di, pero claro ellos comprenden que cualquier tierra es suya.

Se dieron cuenta que una sola persona no podría conseguirlo y por muchos siglos estos académicos tendrían que trabajar con este material de John Dee de los macrobios, ya sea consciente o inconscientemente. La solución para dicho problema es crear las universidades que hasta hace muy poco nadie iba a ellas. A no ser que fueras de una familia con dinero, perteneciera a la élite o algo por el estilo. Estas Universidades no son para que tu aprendas sino para servir a ellos a sus propósitos. Quizás por eso nadie sabe nada. Para tener el control de un país basta con controlar al Ejecutivo, las demás cosas son meras herramientas. Estos sitios de aprendizaje se convirtieron en el epicentro de estas investigaciones que frenéticamente siguieron hasta la primera liberación de energía termonuclear.

Leyendo **"El nombre de la rosa"** de *Umberto Eco*, y viendo como se han escondido libros, curas para enfermedades, por sacerdotes cristianos católicos, hechiceros y brujos, y han tenido a la gente en la más absoluta ignorancia, analfabetismo y enfermedad, se comprende todo. En los laboratorios de algunos reyes como Fernando II se experimentó con enfermedades como la peste bubónica, que fue transmitida a la población, ejerciendo un papel tan oscuro como la muerte misma. Se utilizó como arma en los venecianos de Turquía y más tarde se trajo a Europa, sin que el populacho supiera cómo llegó hasta ellos. Estas sociedades crearon fraternidades masónicas, que viene del francés 'masón', que significa casa. En el griego se dice que Jesús era Tekton que significa arquitecto, hijo del constructor. En la Royal Society eran francomasones, al igual que las cofradías fundadas por muchos sefardíes en España creadores de los antiguos bancos y expulsados por eso mismo, por controlar y abusar de la deuda, como ahora también ocurre. Por la Usura.

No es de extrañar que los religiosos y políticos blanqueen dinero. Con la gran protesta de la falta de educación en la Primera y Segunda guerra mundial se abrieron al público para que todo el mundo estudiase, se hizo de tal forma para que tampoco pudieras acceder a la élite.

Decano tiene que ver con estrellas, al igual que monasterio, de nuevo sigils. Donde se construyeron las universidades fueron en puntos neurálgicos del planeta, líneas ley, cómo y por qué apuntan a determinadas constelaciones, la Universidad Complutense o la de Santiago de Compostela. Centros geománticos celtas, que visitaban siguiendo las estrellas, es una historia astroteológica. Por eso hoy en día ya no quieren que tantos estudien, porque vuelven a controlar al populacho.

CAPÍTULO 9 LA NUEVA ATLANTIDA

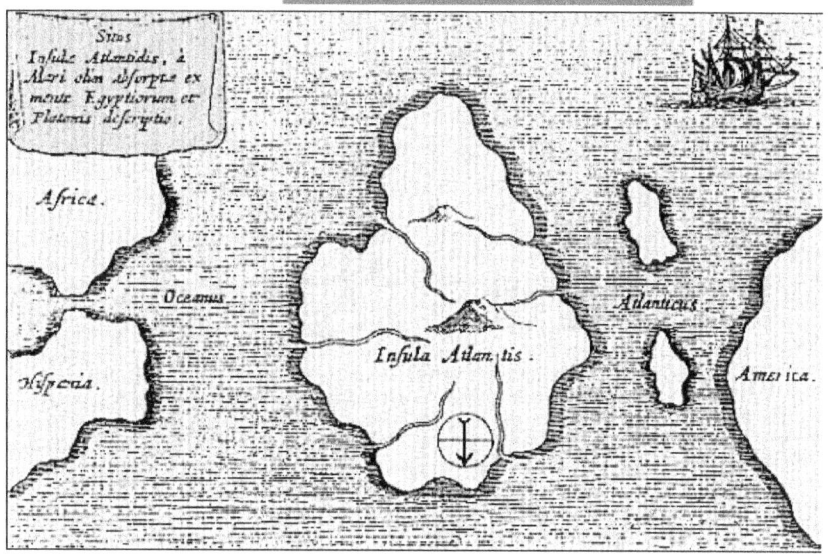

La Nueva Atlántida

Bacon escribió La nueva Atlántida como por añadidura de su profunda obra filosófica; parte del pensamiento de Bacon se encuentra en este libro. En su utopía (La Nueva Atlántida) Bacon aspira a una reforma de la sociedad a través de la ciencia aplicada.

Bacon sugiere que la armonía entre los hombres puede alcanzarse mediante un control de la naturaleza que les facilite los medios precisos para su vida.

Una de las personalidades que se puso manos a la obra fue **Francis Bacon**. Escribió un libro llamado 'La Nueva Atlántida' y precisamente bajo su tutelaje creó los libros del propio Shakespeare, de hecho muchos eruditos **creen que fue el mismísimo Shakespeare**.

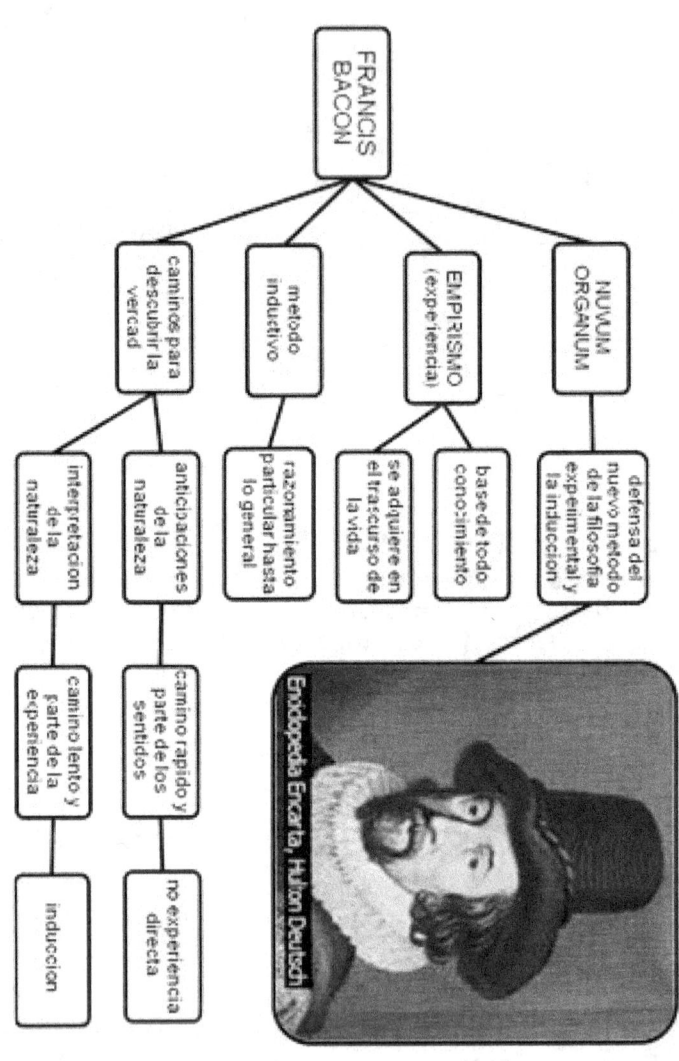

FRANCIS BACON

- caminos para descubrir la verdad
  - interpretacion de la naturaleza
    - camino lento y parte de la experiencia
      - induccion
  - anticipaciones de la naturaleza
    - camino rapido y parte de los sentidos
      - no experiencia directa
- metodo inductivo
  - razonamiento particular hasta lo general
- EMPIRISMO (experiencia)
  - se adquiere en el transcurso de la vida
  - base de todo conocimiento
- NOVUM ORGANUM
  - defensa del nuevo metodo de la filosofia experimental y la induccion

Enciclopedia Encarta, Hulton Deutsch

Tenía escribientes o negros como se dice hoy en día, y creó precisamente esta figura de William Shakespeare, que es precisamente un anagrama de Pallas Athena o Batir la lanza de los Rosicrucianos, para que se sentaran las bases que precisamente querían que se insertara en la literatura, para inventar el propio idioma del inglés. Más adelante hablaremos sobre esto. Muchos consideran que Francis Bacon es el padre de la ciencia moderna, la naturaleza de la biología, leyes universales.

Nuevos paradigmas fueron introducidos por estos pensadores de la era isabelina, reclutados por la nobleza negra, los oscuros venecianos. A su vez venicians, parece al pronunciarse fenicians, de ahí esa relación que hoy en día nos afligen con esas religiones inventadas.

Para encubrir estos propósitos se nos ha mostrado que el conocimiento florece sin razón aparente, de ideas similares: Esto no es así, más bien es por divulgación de la misma idea. Es posible que haya muchas figuras de la ciencia antigua que fueron recluidos por esta nobleza negra.

La historia revela como muchos científicos son ocultistas, también hoy en día, en la propia NASA. El entendimiento de este conocimiento dio lugar a la era de la Ilustración, y después la Industrial. Marlow, Bacon eran conscientes de lo que pasaba de puertas para dentro. Ellos se refieren al plan oculto en sus obras, y además nos avisan sutilmente, desde anécdotas ocultistas a claves ocultas.

Por alguna extraña razón son pocos los académicos que nos han descubierto un poco esto. La información trasmitida y canalizada por estas almas pandimensionales, afirmaba que habría una llave para desmoronar esa barrera cósmica que rodea la tierra, pero una implantación de este plan no era posible. Muchos expresaron de mano de los macrobios que la humanidad tendría que seguir evolucionando hasta que supiéramos convertir la materia en energía y viceversa, que pudiera ser controlada, pero hasta ahora podemos convertir la materia en energía, pero no al revés.

Sin embargo tendría que pasar siglos para comprender este fenómeno. La experimentación no fue promovida por la humanidad sino por estas entidades.

La lección número uno fue finalmente concluida cuando los semi-dioses atlantes consiguieron separar el átomo en 1950. Estudiando a los científicos como Leo Szilard, y Robert Oppenheimer, que era ocultista no solamente científico, muy interesado en la mitología india y en las novelas de destrucción, además le gustaba la alquimia.

Incluso Jack Person el inventor de los cohetes de la NASA estaba instruido en sociedades secretas, sectas satánicas y rituales. Junto al fundador de la cienciología L. Ron Hubbard. Wernher von Braun que evidentemente era un nazi, también fue fundador de la NASA. Todo esto lo podéis leer en nuestro libro **Ovnis, Satanismo y Ciencia Illuminati Volumen 5 de nuestra "Series Illuminati."**

Solo ahora después de 2.000 años hemos sido capaces de descubrir como la energía se convierte en materia, pero no somos capaces de producirla. Solo hay que fijarse en los símbolos de Sun Microsisten, de Apple (La manzana mordida del Edén, los colores de los chacras en su primer símbolo) o el propio símbolo de Microsoft que aparece una cruz. Las sociedades secretas no solo están representadas en las industrias sino también en los gobiernos:

El símbolo de la bandera de la Unión Europea fue creado por el priorato de Sion que se dicen que son descendientes de los reyes merovingios, se dice que su sede central está en Francia. Estos descendientes pueden trazar su línea sucesoria hasta estos reyes, incluso la familia real británica dice profusamente que vienen de Moisés y del Rey David. 'Mer', 'o', 'vig', significa los que vienen del mar. Cuando se dice que naces en el mar de los cielos, significa que has nacido fuera de este planeta.

Esto se ve en la novela de *Julio Verne* "Veinte mil leguas de viaje submarino."Curiosamente llegó hasta España buscando la Atlántida. El símbolo más común utilizado por los merovingios era la serpiente o el dragón. El Dios anfibio más conocido de Irak-Irán era Dagón: Anfibio significa que estás entre dos planos. Uno de los reyes merovingios se llamaba Dagoberto I. Dagón fue una película española basada en un relato de H.P. Lovecraft.

El culto a Dagón es muy parecido a Bal, de hecho llevaban mitra y pedían a Dagón para que perdonara sus pecados. En sucesivos capítulos seguiremos completando toda esta información.

La sangre tiene propiedades ocultas, especialmente cuando es tomada de un inocente, asesinado en un arreglo ritual (ver Highlander y cualquiera de las películas de Drácula). Sangre es una forma de energía, y los vampiros viven de ella. La sangre es muy importante para los ocultistas.

Por lo tanto, este es el énfasis que las sociedades antiguas y las jerarquías de sacerdotes pusieron, y que ahora los modernos sindicatos criminales le ponen. No es coincidencia que la palabra "Sangre" es la segunda palabra más común en la Biblia después de "Dios". ¡No hay sangre, no hay trato! Así pues, el Maestro Dee con sus colegas y dependientes vio en esto que sus Guardianes Oscuros tendrían toda la sangre que requirieran. En su gran pacto, el puso a toda la humanidad como sacrificio para la causa de sus amos. Esta es la razón para las interminables guerras y conflictos que llenan la historia del mundo. Las guerras son precisamente rituales de sangre planeados, con todos los aparentemente lados opuestos siendo financiados por los mismos grados no vistos. (Véase **Dr.Who**, Estado de Decadencia).

Para proporcionar los recursos físicos y los sacrificios humanos, los Piratas (Hombres del Fuego) eran financiados por los Tudors y se dirigían a alta mar para conquistar costas extranjeras e intoxicar o asesinar y esclavizar a aquellos que encontraban. Algunos de sus hechos contienen claros patrones ritualísticos. Es un hecho que los líderes de estos Piratas eran aristócratas de la dinastía Tudor. Uno fue llamado sugestivamente, Sir Francis Drake (Drake significa Dragón).

Los piratas colonizaron América, y subsecuentemente, sus descendientes adinerados (conocidos como el Russel Trust) formaron las universidades de la *"Liga de la Hiedra"*, para la educación de sus propios descendientes. Las fraternidades fueron establecidas para mantener la jerarquía y el prestigio, pero también para asegurarse que solo los candidatos "correctos" llegaran hasta el sanctum interno para aprender la verdad. La fraternidad "Skull and Bones" de la Universidad de Yale es una de las tales fraternidades Faustianas.

CAPÍTULO 10 DEL VIEJO ORDEN AL NUEVO DESORDEN

Muchos presidentes, políticos e industriales pertenecen a estas universidades y sociedades elitistas. Sutton apuntaba que "Un Yale" es un extraño animal híbrido, a menudo visto en la armería real. Otro enclave es llamado la Sociedad Bohemia (Bohemian Society) cuyo emblema es el búho. Esta criatura aparece en miniatura en los billetes de un dólar estadounidense, y es descrito como el tótem apropiado de la sociedad secreta, porque puede "ver cosas en la oscuridad."

La ignorancia reinaba campante en toda Europa, y nuestros ancestros durante este tiempo solo podían pensar en resguardarse, labrar la tierra y mirar al cielo buscando respuestas de esta situación límite. Surge la fundación de los templarios por parte de Juan de Aragón y las hordas vaticano Ítalo francesas, para los bolsillos de resistencia en parte de lo que era España y Francia entre otras, para así buscar tesoros y libros valiosos guardados por tribus paganas del medio este que después vino a ser el Islam y su posterior destrucción (de los templarios) ya que comenzaron a ser un dolor de muelas después de sus incursiones a "tierra santa" y competencia desleal del vaticano y reyes europeos, al fundar los primeros colegios gnósticos, trueques, comercio y bancos o redes financieras europeas y en el Nuevo Mundo, mucho antes de haber sido supuestamente "descubierto" por Colon y el Vaticano.

Los Cataros son destruidos, a la vez que los últimos bastiones celtas en Dalmacia y lo que era la península Yugoslávica al final de esta era.

Fundación de los idiomas por medio de los monjes y sus escritorías (abadías de escribir e imprimir nuevos libros). La inquisición, fundación de las religiones, cristianismo, judaísmo e islamismo entre otras. El Reino de las tribus de Jacob o el Gran Reino de Gran Bretaña comandado por la era isabelina junto con el genio y científico John Dee empiezan a maquinar un plan para América llamado el Nuevo Atlantis dirigido por entidades alíen o cosmócratas contactadas por ambos.

"El Nuevo Orden Mundial", es el control global, caracterizado por un solo gobierno, un solo poder, una sola religión, una sola moneda. La expresión "nuevo orden mundial" se usa para referirse a un nuevo período de la historia, cambios dramáticos en las ideologías políticas y en el equilibrio de poderes.

La mayoría de los miembros que conforman este grupo son personas muy poderosas e influyentes, banqueros adinerados, los mejores líderes políticos y la élite del tejido empresarial, barones del petróleo, y alta gente gestionada por grandes corporaciones multinacionales y la industria farmacéutica.

La Familia Real de Inglaterra, es decir, la reina Isabel II y la Casa de Windsor (que son, de hecho, los descendientes de la rama germana y austriaca de la realeza europea, la familia de Sajonia, Coburgo, Gotha, Windsor) son representantes de alto nivel que controlan los estratos superiores del Nuevo Orden Mundial. Los centros para la toma de decisiones de este esfuerzo se encuentran en Londres (en especial la City de Londres), Suiza-Basilea y Bruselas (sede de la OTAN). Políticos importantes usan el término. Este término Nuevo Orden Mundial (en inglés New World Order) ha sido también utilizado por numerosos políticos a través de los siglos, y es un término genérico utilizado para referirse a esta conspiración mundial orquestada por un grupo muy poderoso e influyente de organismos y que incluye a muchas de las personas más ricas del mundo, los principales líderes políticos, y la élite empresarial, así como los miembros de la llamada Nobleza Negra de Europa (dominada por la Corona británica de las casas bávaras illluminati), cuyo objetivo es crear un mundo totalitario y fascista, despojado de los límites nacionalistas y regionales, y que sea fiel a su agenda. Podéis leer más sobre esto en nuestro libro El nuevo orden mundial - Series Illuminati IV: La mano oculta de la religión, masonería y política. En dicho libro damos muchísimas pruebas de cómo se ha desarrollado la "Gran Empresa" perteneciente al "Gran Plan."

Algunas de las personas más poderosas de los Illuminati pertenecen a un selecto grupo de monarcas. Los Rothschild han jugado un papel fundamental en la conspiración bancaria durante cientos de años. Ellos financiaron la Revolución francesa, así como los dos bandos de la guerra civil americana. Las familias Chase, Morgan, Krupp, De Veers, Rosthchild, Carnegie, Ford y Rockefeller son algunas de las otras familias poderosas encargadas de los aspectos financieros de la conspiración. No es casualidad que estas familias de la élite también operan enormes organizaciones "filantrópicas" que gobiernan la vida de los individuos bajo el disfraz de la caridad y tienen grandes cantidades de dinero y materiales preciosos que superan a veces los trillones a través de paraísos fiscales y testaferros en una trama financiera muy compleja lo cual hace difícil ponerle cara en revistas como Forbes o medios de comunicación ya que no están en los radares de la hacienda (el fisco) tanto en Europa como en América.

UNA DIVISA MUNDIAL o divisa digital, en principio, parece lo más probable y el dinero elegido por este grupo del Nuevo orden mundial.

El Euro ayudó a consolidar a muchas naciones europeas y otras siguen su curso en la manera que desean los generales y amos del NOM.

UNA RELIGION MUNDIAL Durante diferentes etapas de la historia de la humanidad y a través de miles de años ha habido una religión dominante y durante la época de este nuevo orden mundial no va a ser muy diferente tampoco. De una manera u otra la ciencia actual parece ser la nueva religión elegida por los líderes ocultos del NOM. Los principales líderes del NOM son lo suficientemente inteligentes como para darse cuenta de que la mayoría de las personas se oponen a un gobierno global. Esto es por lo cual los gobiernos regionales son la norma hoy en día. Estos buscan el surgimiento de bloques regionales como la Unión Europea, la Unión Africana, el Tratado de Libre Comercio de América del Norte, la Organización del Tratado del Atlántico Norte, y la Unión de Naciones Suramericanas, para orientarlos poco a poco, hacia un Gobierno Mundial.

UNA EDUCACION MUNDIAL EN DECLIVE Los amos del NOM controlan la educación, los medios de información o mejor dicho aún, la manipulación que le llega a los jóvenes tanto a través del internet de Hollywood, en formato tipo prensa o los canales televisivos o de TELEVi-SioN.

Este es el caso de implantar e inculcar desinformación o ideas para poder implementar su des-ORDEN Mundial, como utilizan a los presidentes Americanos que son meros señuelos y actores para despistar al público de sus planes reales como Ronald Reagan que fue el cuadragésimo presidente de los Estados Unidos desde 1981 a 1989. Antes de su presidencia, él sirvió como el gobernador número 33 de California desde 1967 hasta 1975, después de una carrera como actor y líder sindical en Hollywood.

No es un secreto que el periodismo sensacionalista ha hablado acerca de la fascinación de Ronald Reagan con la astrología y la vida extraterrestre durante mucho tiempo, a pesar de que los principales medios nunca le dieron mucha importancia por el tema, la verdad es que Ronald Wilson Reagan se convirtió en el primer presidente de los Estados Unidos en hablar públicamente sobre la posibilidad de una invasión alienígena.

Esto fue durante un discurso ante las Naciones Unidas en 1987. Hacia el final de su discurso en la cuadragésima segunda reunión del 21 de septiembre de 1987, el Presidente dijo que:

"En nuestra obsesión con los antagonismos del momento, a menudo olvidamos lo mucho que une a todos los miembros de la humanidad. Tal vez necesitamos un poco de una amenaza ajena a todos nosotros que nos haga aunar fuerzas bajo la unión de una gran coalición planetaria. "Creo que de vez en cuando", continuó Reagan, "la rapidez con nuestras diferencias en todo el mundo se desvanecería si nos estuviéramos enfrentando a una amenaza alienígena de fuera de este mundo. ¿No está una fuerza ajena YA entre nosotros? Y, sin embargo, me pregunto" -.El Presidente ahora trata de retirarse de la última declaración audaz al plantear una segunda pregunta.-¿Qué podría ser más ajeno a las aspiraciones universales de nuestros pueblos que la guerra y la amenaza de la guerra?"

Antes de convertirse en el presidente de los Estados Unidos, Ronald Reagan era gobernador de California, y en una ocasión, afirmó haber visto un OVNI. Ronald y su esposa Nancy viajaban a una cena informal con amigos en Hollywood. Los invitados llegaron puntuales, con la excepción de Reagan que llegó media hora más tarde. Cuando se le preguntó por qué había llegado tarde Reagan respondió que habían visto un ovni sobre la costa de los Ángeles.

Llámalo como quieras, pero algunos creen que el ex presidente Ronald Reagan pidió ayuda de Mijaíl Gorbachov, que fue el octavo y último líder de la Unión Soviética, para luchar contra una invasión alienígena que amenazaba a todo el planeta durante una cumbre de paz en Ginebra en 1980. El propio Gorbachov confirmó la conversación en Ginebra durante un importante discurso el 17 de febrero de

1987, en el Palacio del Kremlin en Moscú, al Comité Central del Partido Comunista de la URSS. En nuestra reunión en Ginebra, el presidente de Estados Unidos, dijo:

"Si la tierra se enfrentase a una invasión extraterrestre, los Estados Unidos y la Unión Soviética unirían fuerzas para repeler una invasión de tales magnitudes". "No voy a discutir la hipótesis, aunque creo que es pronto todavía para preocuparse por tal intrusión..."

La educación se centrará mayoritariamente, en adoctrinar a la gente a hacer tareas complicadas o sencillas pero extremadamente específicas y a seguir a las órdenes de sus superiores que a la vez son encargados o gestores de una corporación global más grande y gestionada por una élite. Las escuelas son progresivamente prisiones o lugares parecidos a factorías con sus respectivas bocinas o campanas que anuncian la hora de la lección y recreo, y los profesores repetirán lo mismo que sus padres abuelos y otros antes que ellos repetían a sus alumnos durante la época de Franco.

En plan canciones fascistas o memorización sin razonamiento crítico, en plan adoctrinamiento con un enfoque en la nueva religión global científica y tecnocrática a la vez que un gobierno global de buenismo y corrección política. 1984 de George Orwell con más tecnología y sofisticación pero hecho realidad. La Eliminación de la propiedad Privada es la gran meta del Nuevo orden mundial. La gente libre, con individualidad y derechos concedidos desde que uno nace y mucho antes al nacimiento de cualquier civilización, normalmente son propietarios de su territorio, parcela o finca, pero los esclavos no pueden tener propiedades.

El NOM por tanto incluirá control a las propiedades y fincas utilizando al gobierno. Eliminación de la familia y su rol, es principal para no solo la evolución de la humanidad y su propia inmortalidad. Y debe ser disuelta por el NOM y sus planes. Los esfuerzos del NOM es reemplazarla por el estado.

La Eliminación de la Auto defensa, está basada en que los esclavos y borregos adoctrinados por el NOM no serán capaces de protegerse a ellos mismos de crímenes violentos locales o regionales sino también contra las fuerzas del NOM. Es más fácil controlar a la gente que está desarmada. La privacidad se está deteriorando con el surgimiento del internet y redes sociales cada vez más.

La meta del NOM es saber lo que hace uno en cada momento y cómo, además de almacenar a todos en una gigantesca base de datos bajo tierra en fibra óptica. En el futuro incluso como sucede con el DNI, Habrá huellas del propio ADN planean incluso implantar un chip y esto está ya siendo una realidad. Control de los recursos Los recursos naturales es una moneda de cambio del NOM.

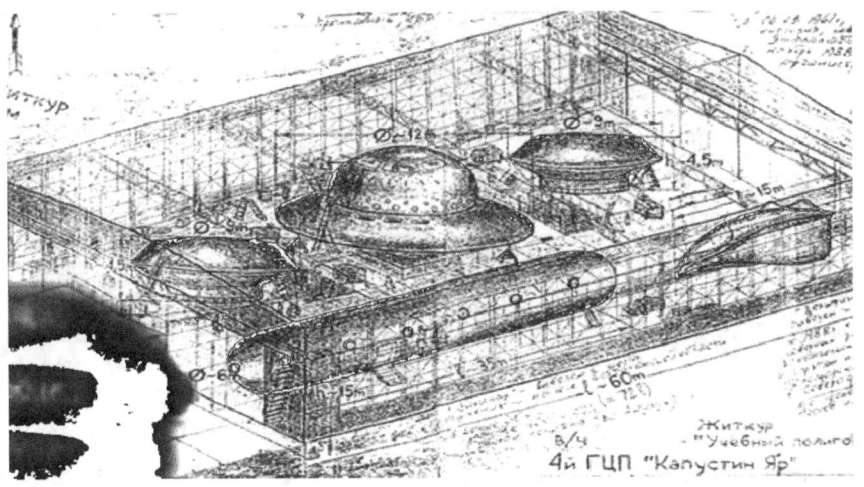

Al controlar la escasez de recursos o hacerlos escasos, la gente tiene que depender del NOM para obtenerlos. Y por último, el Estado Policial de Control sucederá con la estructuración de un estado policial o ley semi marcial que es un arma intimidadora del gobierno mundial que aumentara en regulación, impuestos y sus recursos para parar cualquier protesta o disentimiento.

Bueno hay que estar atento pues a estos poderos que aunque van por encima nuestra, pero de alguna forma el resto, gracias un poco también a internet, puede ir también en contra al acecho.

Si, tenemos más en nuestro cajón de sastre, que vamos a exponer en los años venideros y que vamos a explicar en los próximos libros porque ahora tenemos bastante de la monarquía desde Babilonia y Sumeria hasta Egipto, Irán, Irak hasta Alemania las guerras etc. y nos vamos a meter en antiguos artefactos, vamos a ver los ooparts, daremos una lista de 10 u 11 artefactos inexplicables entre ellos existen

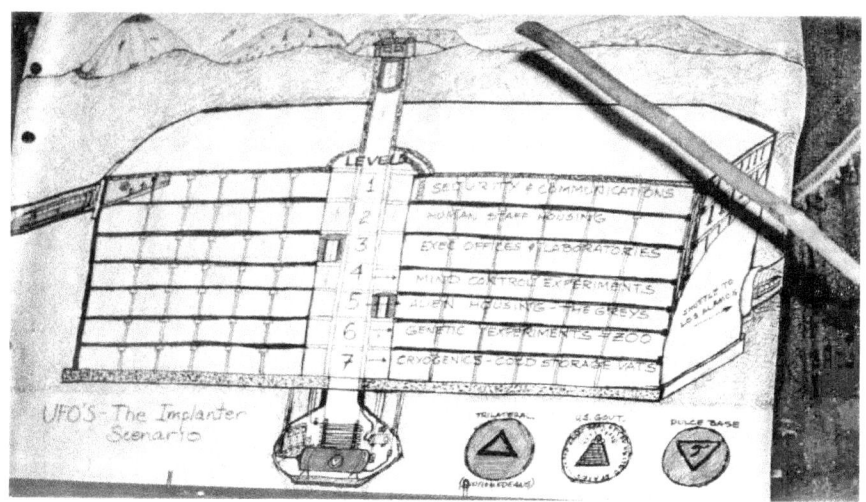

esferas misteriosas que se encuentran en minas talladas y que tienen miles de años, animales y dinosaurios con balas y flechas dentro de sus cuerpos, bolas gigantes de Costa Rica, fósiles imposibles, como manos y zapatos fosilizados en piedras de hace miles de años, objetos metálicos encontrados dentro de minas de carbón, las piedras petrificadas de droppa del Tíbet, artefactos como bujías, pilas, incluso luz de una manera artificial o el mecanismo de Antiquitera estilo mecanismo de reloj que se encontró recientemente y que tiene dos mil años de antigüedad, incluso aviones antiguos modelos de aviones encontrados a uno y otro lado del océano y pirámides para estimar su años y a cuales culturas pertenecieron.

También hablaremos de bases secretas, vamos a hablar de dos bases secretas en Australia en donde vive gente con una luz artificial a millas de profundidad que reseñan el Sol, vamos a hablar de Pinegap, vamos a hablar del área S cuatro, Área 51 que es la más conocía y otras aéreas y bases subterráneas y haremos como una síntesis de los neandertales, los bigfoot y que son los homínidos y un poco la imposibilidad de la evolución que se cuenta

Biológicamente que las diferentes diferencias que se han encontrado entre varones y hembras en el humano y en otras especies terráqueas.

Además vamos a hablar de la micro evolución y la macro evolución cual es más válida o inválida y unos extraterrestres que se llaman los terra trasformadores y otros en nuestro nuevo libro de "OVNIS Satanismo y Ciencia Illuminati," que son los J-Rod, que están encargados de terraformar planetas, cuando el planeta es una piedra sólida y ellos se encargan de terraformar ese planeta, y hablaremos de extraterrestres que no viajan en naves sino que viajan en planetoides, que es una buena forma de viajar por el espacio que los científicos pensaron que para salir del planeta en vez de salir con una nave espacial era mejor llevar la tierra a otro punto geográfico de la galaxia o sea mover la tierra de este sistema solar a otro lado, hay un estudio sobre eso y hablaremos de otras teorías muy locas, pero interesantes que al final como todo es muy simple, pueden dar lugar a que la gente tenga un poco de pensamiento y se hagan idea de cómo funciona nuestro micro y macro universo.

Web en www.lavdv.com o www.lavozdelviento.es

Biografía:

Moisés Rojas:

Sevillano desde que nació en ese punto de la galaxia con tanto arte. Informático de profesión, estudiante de periodismo, comunicador, presentador y escritor. Escribe y dirige La voz del viento desde hace diez años, programa de Radio emitido a través de las Emisoras locales de Andalucía (EMA). Donde ha entrevistado a investigadores y expertos en distintas materias, conspiración, psicología, holística, espiritualidad y política.

Publicó su primer libro, Animas caídas (2011) Relatos cortos y poemas, que obtuvo una buena aceptación local. Más tarde publica su primera novela de aventuras y mística llamada, El guardián de los Chakras (2013) presentada con una gran acogida en el Círculo Mercantil de Sevilla junto a Emilio Carrillo en 2014.

Frases:

"Ahogado es el silencio que murmuras cuando crees que estás en la verdad suprema, oscura tu alma si no intentas resplandecer en tu propia oscuridad."

"A veces veo egos que creen que lo saben todo y no saben nada."

"No soy especialista en nada, pero sé un poco del todo..."

"No sé quién o qué es Dios, pero sé qué o quién no es..."

"Votar en una democracia, es como votar en una tribu caníbal, al caníbal que nos va a devorar."

Bibliografía:

Marciniak, Barbara; Bringers Of The Dawn, (Bear and Co., Santa Fe, 1992).

Marciniak, Barbara; Earth: Pleiadian Keys To The Living Library, (Bear and Co., Santa Fe,1995).

Hall, Manly P.; America's Assignment With Destiny, The Adepts In The Western Esoteric Tradition, Part Five, (The Philosophical Research Society, Los Angeles, California, 1979).

Hancock, Graham; Fingerprints Of The Gods, (Heinemann, London, 1995).

Hanfstaengl, Ernst; Hitler- The Missing Years, (London, 1957).

Hay, Louise L.; You Can Heal Your Life, (Hay House Inc and Eden Grove Editions, London, 1988).

Mullins, Eustace; The World Order, Our Secret Rulers, (Self Published, USA, Second Edition, 1992).

Nichols, Preston B., with Peter Moon; The Montauk Project, (Sky Books, New York, 1992).

Nichols, Preston B., with Peter Moon; Montauk Revisited, (Sky Books, New York, 1992).

O'Brien, Christian; The Genius Of The Few, (Turnstone Press, Wellingborough, Northamptonshire, 1985).

Perloff, James; The Shadows Of Power: The Council On Foreign Relations And The American Decline, (Western Islands, Appleton, Wisconsin, USA, 1988).

Jordan Maxwell, that old time religion (matrix 1998).

www.ingramcontent.com/pod-product-compliance
Lightning Source LLC
Chambersburg PA
CBHW062147280526
45788CB00001B/341